ATLANTIS

DAS VERBORGENE WISSEN
DER WELT

BASTEI
LÜBBE

Der Herausgeber der Reihe
ATLANTIS
Dr. Hans Christian Meiser
ist Philosoph, Schriftsteller und Fernseh-Moderator

Über den Autor:

Gerhard Buzzi arbeitet seit 20 Jahren als Journalist. Der gebürtige Österreicher lebt mit seiner Familie in Bremen. Ausgedehnte Reisen führten ihn quer durch Amerika, wo er mit der spirituellen Welt der Indianer in Berührung kam. Der Autor, der in Santa Fe, New Mexico, seine dritte Heimat gefunden hat, geht selbst den »Indianischen Weg« und hält darüber Vorträge in Schulen und Museen. Zudem engagiert er sich in verschiedenen Indianerprojekten.

ATLANTIS

GERHARD BUZZI

INDIANISCHE HEILGEHEIMNISSE

DIE LEHREN VON GROSSVATER, DEM HEILIGEN MANN

BASTEI LÜBBE

BASTEI-LÜBBE-TASCHENBUCH
Band 70103

1. Auflage Januar 1997
2. Auflage August 1997

Originalausgabe

Printed in Germany
Einbandgestaltung: CCG, Köln
Titelillustration: Ender Güzey, München
Illustrationen im Text: Dany Rohe
Satz: Textverarbeitung A. Garbe, Köln
Druck und Bindung: Ebner Ulm
ISBN 3-404-70103-8

Danksagung

Ich möchte mich bei Großvater für seine Geduld und seine Liebe bedanken. Dank auch an Darrell, Steve und Lynn, George Blue Bird, John Standing Bear, Frank Yellow Horse, Archie Fire Lame Deer, Joachim Joe Irmer und an die Freunde, die ungenannt bleiben wollen. Dank vor allen Dingen meiner Frau Hannelore, meinen drei Kindern Stella, Melanie und Fabio, die immer so geduldig auf ihren Vater gewartet haben. Dank auch an Manfred, Günter, Stefanie und Elisabeth.

Mitakuye Oyasin.

Inhaltsverzeichnis

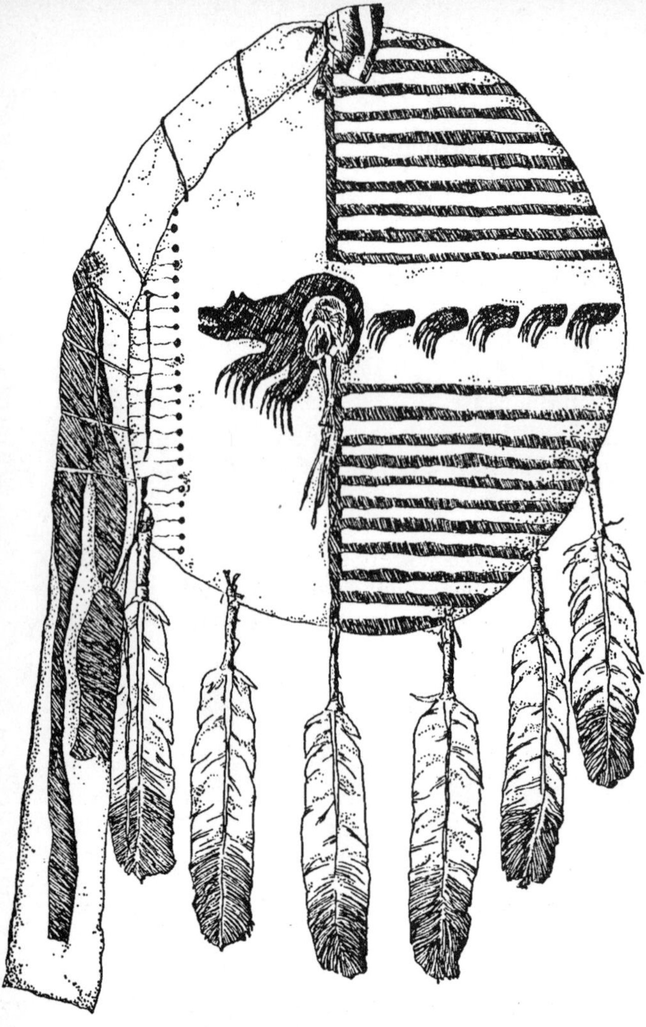

Abb. 1: Der Zeremonien-Schild eines Bärenträumers
oder eines Bärenheilers. In dem kleinen Medizin-Säckchen (Mitte) sind
Haare und Krallen eines erlegten Bären aufbewahrt.

Vorwort

Die Toten der Weißen
vergessen das Land ihrer
Geburt, wenn sie fortgehen,
um unter den Sternen zu
wandeln.
Unsere Toten vergessen diese
wunderbare Erde nie, denn sie
ist des roten Mannes Mutter.
Wir sind ein Teil der Erde, und
sie ist ein Teil von uns.
Die duftenden Blumen sind
unsere Schwestern, die Rehe,
das Pferd, der große Adler
sind unsere Brüder.
Die felsigen Höhen, die
saftigen Wiesen, die
Körperwärme des Ponys – und
des Menschen – sie alle
gehören zur gleichen Familie.

Häuptling Seattle an den
Präsidenten der Vereinigten Staaten von Amerika
im Jahre 1855.

Ich habe lange mit mir gerungen, dieses Buch zu schreiben. Die Entscheidung es zu tun, ist mir nicht leicht gefallen. Ich empfinde es eigentlich als vermessen, über die heiligen Geheimnisse eines Volkes zu schreiben, wenn man nicht selbst in dieser Kultur groß geworden ist. Ich bin ein Weißer. Einer von der Rasse, die den roten Mann beinahe ausgerottet hat. Seit der Landung von Christoph Kolumbus in Amerika im Jahre 1492 wurden in Süd- und Nordamerika rund 150 Millionen Indianer umgebracht. Ein Holocaust, von dem kaum einer spricht. Im Zuge der Assimilierungspolitik der Amerikanischen Regierung Anfang des 20. Jahrhunderts wurden Tausende von Mädchen und Jungen aus ihren Tipis und ärmlichen Behausungen gezerrt und in weiße, meist kirchliche Internate gesteckt. Fromme Schwestern und Prediger schnitten ihnen die Haare ab, sie durften ihre Sprache nicht mehr sprechen, ihre Lieder nicht mehr singen. Sie wurden geschlagen, verprügelt, gedemütigt. Im Namen Christi und des weißen Gottes wurden ihnen Seele und Herz aus dem Leib gerissen. Viele junge Menschen nahmen sich vor Kummer und Gram das Leben. Wer die weiße Hölle überlebte, verfiel meist dem Alkohol. Kultur, Religion und Spiritualität waren nur noch vage Erinnerungen. Die Geschichten der Alten, die Kräfte und Energien der Höheren Wesen und Geister – all das schien verloren.

Aber es gibt Hoffnung. Immer mehr junge Indianer besinnen sich der Stimmen ihrer Großväter und Urgroßväter. In den Reservationen finden heute Sonnentänze statt, es werden alte Lieder gesungen, es wird getanzt. Ein Heiliger Mann brachte mir Liebe und Vertrauen entgegen. Ich durfte mit ihm beten und tief in sein Herz schauen. Ich sehe diese Geste als ein Zeichen der Vergebung. Aber auch als Geschenk, das man mit allem Geld dieser Erde nicht kaufen kann.

Als Zeichen meiner Ehrfurcht und meines Respekts für das Volk der Indianer möchte ich jetzt ein Lied singen. Es ist viele tausend Jahre alt. Es ist das Lied der Heiligen Pfeife, ein Schwitzhüttenlied der Lakota (Sioux, sprich Ssu). Es wird gesungen, um einen Berg, einen Hügel, ein

Feuer oder einen Wald zu segnen. Es segnet auch den Kreis an dem Ort, an dem man betet.

Wai-on ki-e
Wai-on ki-e
Wai-on ki-e
Tschanupa kele
Wakan jelo
Wai-on ki-e

Wai-on ki-e
Wai-on ki-e
Wai-on ki-e
Tschanupa kele
Wakan jelo
Wai-on ki-e

Wai-on ki-e
Wai-on ki-e
Wai-on ki-e
Tschanupa kele
Wakan jelo
Wai-on ki-e

Wai-on ki-e
Wai-on ki-e
Wai-on ki-e
Ojanke kele
Wakan jelo
Wai-on ki-e

Ich rufe Dich.
Ich stehe hier mit der Heiligen Pfeife.
Ich rufe Dich,
wie ich es lernte,
wie es mir weitergegeben wurde.

Ich rufe Dich.
Schau auf die Heilige Pfeife
in meinen Händen.

Ich rufe Dich.
Der Ort, an dem wir stehen,
ist heilig.
Segne ihn.

Einleitung

In diesem Buch erzähle ich von meinen Erlebnissen mit Großvater, einem Heiligen Mann der Oglala-Lakota. Ich sage zu ihm Großvater, weil ihn alle im Reservat so nennen. Viele kennen seinen wirklichen Namen nicht. Großvater lebt bescheiden und zurückgezogen in der Pine-Ridge-Reservation in South Dakota. Ich kann nur schwer in Worte fassen, was ich für diesen alten, Heiligen Mann empfinde. Es ist eine tiefe Ehrfurcht, die ich ihm entgegenbringe. Aber auch Freundschaft, wie sie eigentlich selten ist zwischen zwei Menschen, die in so unterschiedlichen Kulturen aufgewachsen sind. Er ist mein Großvater und ich bin sein Findelkind, das er von der staubigen Landstraße der Prärie holte. Der Altersunterschied von über 30 Jahren hat uns nie gestört. Ich war der erste Weiße, den er für längere Zeit bei sich aufgenommen hat. Fragen Sie mich nicht warum, ich weiß es bis heute nicht genau – und er wohl auch nicht. Unsere Begegnung gehört wohl zu den Geheimnissen des Lebens. Großvater hat mich gelehrt, nicht ständig alles zu hinterfragen und nicht immer hinter den Vorhang des Lebens zu schauen. Er meint damit, daß wir Geheimnisse akzeptieren und sie nicht immer ergründen sollen.

In diesem Buch bezeichne ich Großvater als Medizinmann. Diese Bezeichnung beschreibt ihn aber nur unzulänglich. Denn im Deutschen gibt es keinen besseren Ausdruck für seine Tätigkeit. Großvater ist ein Heiler, der mit übernatürlichen Kräften in Verbindung steht und über sie seine Heilkraft bezieht. Das Wort Medizinmann haben

Siedler aus Frankreich geprägt, als sie im 18. Jahrhundert Neu-Frankreich schufen (die heutige Grenze zwischen Nordamerika und Kanada). Sie nannten die indianischen Heiler und Zauberer »les hommes-medecine«. Der Mythos vom Medizinmann war geboren. Daraus leiteten sich später auch die Begriffe »Medizinbeutel«, »Medizinrad« oder »gute und schlechte Medizin« ab.

Bei den Lakota heißt der Medizinmann »wicasa wakan«. Auch dafür gibt es keine deutsche Übersetzung, die dem Wort auch nur annähernd gerecht wird. Einen wicasa wakan könnte man am ehesten als Schamanen bezeichnen, obwohl auch das nur unzureichend ist. Der wicasa wakan ist ein Heiliger Mann, der alle Facetten der Heilkunst beherrscht. Im Gegensatz zu dem Kräuterkundigen (pedschuta wicasa), der nur mit der Macht der Pflanzen heilt.

Der wicasa wacan ist ein spiritueller Mann. Das hat in diesem Fall nichts mit Esoterik zu tun, diesem Modewort der übersättigten Wohlstandsgesellschaft. Damit hat Großvater und dieses Buch nichts gemein. Esoteriker sind suchende Menschen, die oft der realen Welt weit entrückt sind. Sie laufen selbsternannten Gurus hinterher und ändern alle paar Monate ihre Weltanschauung. Es ist leider bei uns zur Unsitte geworden, Spiritualität und heilige Dinge in den großen Topf der Esoterik zu werfen. Heiler und Lehrer stehen mit beiden Beinen im Leben. Das sind keine »abgedrehten Typen«. Viele Medizinmänner in den Reservationen haben sich mit der Polizei geprügelt und verbrachten so manchen Tag in der Ausnüchterungszelle. Der Lakota-Medizinmann Archie Fire Lame Deer war Stuntman in Hollywood und ging in jungen Jahren keiner Schlägerei aus dem Weg. Ein Medizinmann ist Arzt, Apotheker, Priester, Ratgeber, Seelentröster und Freund – alles in einer Person. Er ist ein Mann, der allen anderen Menschen mit Liebe begegnet.

Demut und Dankbarkeit wären die Grundpfeiler für einen spirituellen Neuanfang unserer Gesellschaft. Aber das sind Tugenden, die uns schon lange abhanden gekommen sind. Diese Einsicht hatte auch Malte W. Wilkes, Präsident des Bundesverbandes Deutscher Unternehmensberater. Anläßlich einer Reise nach Asien rief er zu einer spirituellen Erneuerung in Deutschland auf. Wörtlich sagte er: »Angesichts religiöser Neutralität des Staates und zunehmender ethischer Rücksichtslosigkeit in der Gesellschaft, muß Deutschland von asiatischen Ländern lernen. Der Staat könnte wichtige Zeichen setzen, wenn er eben nicht nur militärische Ertüchtigung und soziale Arbeit fördert, sondern Selbsterkenntnis und Gewissensbildung.«

Die Heiligen Männer der Lakota sind spirituelle Männer. Spiritualität ist für sie die Basis ihrer heilenden Tätigkeit und der Grundstock für ein erfülltes Leben. So ein erfülltes Leben zu führen, das Glück zu spüren, das ganz tief von innen kommt – wer hat nicht schon einmal davon geträumt? Voraussetzung für diese Erfahrung ist ein gesunder Geist und ein gesunder Körper. In diesem Buch zeige ich Ihnen, wie Sie Ihren Körper widerstandsfähiger gegen Krankheiten machen und das Immunsystem stärken können. Es sind alte indianische Heilriten und Weisheiten. Lernen Sie die Kraft der Steine kennen, oder wanblee gleshka, den gefleckten Adler. Ich entführe Sie auf eine Schamanische Reise, nehme Sie mit in eine Schwitzhütte und auf den Berg, wo Sie mit Ihrer Seele in Kontakt treten.

Neben meinem indianischen Lakota-Großvater lernen Sie auch Tunkashila kennen, den Spirit- oder Geist-Großvater. Er ist der, den wir Weißen »Großen Geist« nennen. Tunkashila ist das Lakota-Wort für Großvater. Dieses Wort kommt auch im allgemeinen Sprachgebrauch vor. Im Verständnis der Lakota war der Schöpfer des Universums als erster da; weit vor dem Menschen und den Tieren, darum nennen sie ihn liebevoll Tunkashila, Großvater. Er ist der, den die Christen als »Lieben Gott« bezeichnen. Tunkashila ist die spirituelle Kraft, die unsere Gebete erhört.

George Blue Bird

George Blue Bird ist ein Oglala-Lakota aus der Pine-Ridge-Reservation. Wir lernten uns im Gefängnis von Sioux Falls in South Dakota kennen. Ich arbeitete dort einen Tag lang in der Gefängnisküche, um für das große »Pow Wow« Fry Bread zu backen. Ein »Pow Wow« ist ein großes Tanzfest, bei dem sich indianische Tänzer aus allen Teilen Amerikas treffen. Fry Bread ist eine Art Berliner, allerdings größer, ohne Zuckerguß und Marmelade. Indian Fry Bread wird mit grünem Salat, Mais, Hackfleisch und Bohnen serviert. In sieben Stunden backten wir über 300 Brote, die dann später auf dem »Pow Wow« für 2,75 Dollar das Stück verkauft wurden. Das Geld ging in die Kasse des Organisations-Büros.

George Blue Bird wurde vor knapp zehn Jahren zu lebenslanger Haft verurteilt. Er hatte im Drogenrausch einen Weißen totgeschlagen. Und in Amerika heißt »lebenslang« auch wirklich lebenslang. Hinter den Gefängnismauern und dem meterhohen Stahlzaun hat George die Kultur seines Volkes wiederentdeckt. Seine Kraft schöpft er aus der Spiritualität und aus dem Glauben seiner Großväter. »Ich mußte erst einen Mord begehen, um mich meiner Tradition zu besinnen«, sagte er zu mir. »Ich bereue zutiefst, was ich getan habe. Hier im Gefängnishof habe ich zu Tunkashila gefunden.« Im Gefängnishof steht auch die Schwitzhütte von George, in der er regelmäßig Zeremonien abhält. Die Weidenstämme zum Bau der Hütte haben ihm Freunde gebracht, abgedeckt ist die kleine Hütte mit einer blauen Plastikplane. Es ist erst knapp zehn Jahre her, daß die Indianer im Gefängnis Religionsfreiheit haben. »Tunkashila gibt uns die Kraft, die Haft zu überstehen«, sagt George.

Nach dem Brotbacken saßen wir in der Gefängniskantine und sangen Lieder. George trommelte, ein anderer Gefangener spielte auf der Gitarre. Es war früher Abend, als ich das Gefängnis wieder verlassen mußte. Bevor die stählernen Sicherheitstüren hinter mir ins Schloß fielen und ich die Luft der Freiheit atmen durfte, gab mir George einen Zettel mit Namen von Freunden, die in seiner Reservation leben. »Solltest du da mal nach Pine Ridge kommen, besuche sie. Sag ihnen, du hast mit George Blue Bird im Gefängnis Brot gebacken. Meine Freunde werden dich aufnehmen wie einen Bruder.« Einen Namen hatte er dick unterstrichen. »Großvater« stand da geschrieben. »Das ist ein alter Heiliger Mann«, erklärte mir George. »Er wohnt in einer kleinen Holzhütte mitten in der Prärie, du solltest ihn unbedingt kennenlernen.« George zeichnete mir auf der Rückseite des Zettels den Weg zur Hütte auf. »Und noch etwas, Großvater mag die Weißen nicht besonders«, rief mir George hinterher, als mich das Wachpersonal in den blauen Uniformen bereits durch die Sicherheitsschleuse brachten. Auf Wiedersehen George.

Großvater

Gleich nach dem Pow Wow saß ich im Flugzeug Richtung Pine-Ridge-Reservation. Dort dauerte es Stunden, bis ich das einsam gelegene Holzhaus dieses Großvaters fand. Es lag weit abseits der befahrenen Highways in einem kleinen Tal. Großvater will nicht, daß ich den Weg näher beschreibe. Er ist ein Heiliger Mann, dessen Worte in keinen Büchern zu lesen sind. Er hat noch nie einen Vortrag gehalten. Ebensowenig hat er je mit Weißen über seine Heilgeheimnisse gesprochen, hat nicht wie viele andere Medizinmänner aus seinem Wissen Kapital geschlagen. Aber all das wußte ich noch nicht, als ich mit meinem Leihwagen vor seine Hütte fuhr.

Es war ein blaugestrichenes Holzhaus mit einer kleinen Veranda vorne zum Garten hinaus. Die Farbe war verblichen, große Flächen von den Holzwänden abgeblättert. Die Fensterrahmen mußten einmal weiß gewesen sein, jetzt waren sie graubraun. Links neben dem Haus war ein kleiner Garten mit Blumen und Kräutern. Er sah nicht sehr gepflegt aus, aber man merkte, daß dort ab und zu gearbeitet wurde. Der Zaun bestand nur aus ein paar morschen, mit Moos bewachsenen Holzpfosten.

Ich klopfte an die Tür, die etwas schräg im Rahmen hing. Keine Antwort. Ich ging um das Haus herum, schaute durch das hintere Fenster. Ich sah ein eisernes Bettgestell, daneben stand ein klappriger Holzschrank. Auf einem kleinen Kästchen lag ein Bündel Federn, ein paar mit bunten Perlen verzierte Lederbeutel, Grasbüschel, mehrere Rasseln und andere Gegenstände, die ich weiter nicht erkennen konnte. Bei den beiden Fenstern auf der Vorderseite des Hauses waren die Gardinen zugezogen, deshalb konnte ich nicht hineinschauen.

»Hallo, ist da wer?« rief ich laut. »Ich komme von George Blue Bird aus Sioux Falls und soll schöne Grüße bestellen.« Stille. Ich schaute mich ein wenig um. Da standen ein paar Bäume und Sträucher, dazwischen verlief ein Graben, in dem kein Wasser war. Gleich hinter dem Haus ragte ein schroffer Felsen in die Höhe. Unter ihm führte ein schmaler Pfad tiefer in den kleinen Canyon. Ich folgte dem Weg, der direkt zu einem zweiten Holzhäuschen führte. Das war noch kleiner als das andere und auf den ersten Blick sah es ziemlich verfallen aus. Erst als ich näher kam, merkte ich, daß es in einem robusten Zustand war. Nur Fenster hatte es überhaupt keine. Vermutlich war es ein Schuppen oder ein Lagerhaus. Die Tür war nicht abgesperrt, und ich riskierte einen Blick hinein. Das Haus bestand nur aus einem völlig leeren Raum; bis auf einen kleinen Erdhaufen in der Mitte des Holzbodens gab es nichts! Ansonsten war alles sehr sauber und machte einen gepflegten Eindruck. Aber es war kein Mensch da.

Ich ging zurück zu meinem Wagen. Ich wußte nicht, was ich tun sollte. Wer weiß, vielleicht ist der alte Mann überhaupt nicht da, dachte ich. Es ist wohl besser, ich fahre weiter. Vermutlich will der Heilige Mann gar nichts von mir wissen und ich warte hier völlig umsonst.

Als ich zum Auto kam, lief ein Hund um die Ecke. Es war eine schwarze Promenadenmischung mit großen langen Schlappohren. »Hallo, wer bist du denn«, sagte ich und hielt dem Hund meine rechte Hand hin. Er schnupperte kurz daran, dann legte er sich zufrieden vor mir auf den Boden. Sein langer, buschiger Schwanz wedelte dabei den ganzen Staub des Wegs auf. Wo der Hund ist, kann das Herrchen nicht weit sein, dachte ich und wartete. Die Zeit verging, kein Herrchen kam. Ich setzte mich ins Auto, wollte schon starten. Irgendetwas hielt mich aber davon ab. Ich schraubte meine Sitzlehne nach hinten, drehte das Radio auf und versuchte ein wenig zu dösen.

Ich muß wohl eingenickt sein. Jedenfalls wurde ich wach, als jemand gegen mein Fenster klopfte. Ich schreckte hoch, guckte verschlafen in das Gesicht eines alten Indianers. Großvater, schoß es mir durch den Kopf, das kann nur Großvater sein. Hastig drehte ich meinen Sitz wieder gerade, öffnete die Tür. »Hallo, ich heiße Gerhard Buzzi und komme von George Blue Bird, ich soll schöne Grüße ausrichten. Ich habe George im Gefängnis von Sioux Falls kennengelernt. Du bist doch Großvater, oder?« sprudelte es aus mir heraus. »Ich weiß«, sagte der alte Mann, »ich habe mit George gesprochen.« »Wie, du hast mit George Blue Bird gesprochen, das ist ja gar nicht möglich. George sitzt im Gefängnis, man kann nicht mit ihm telefonieren.« Der alte Indianer ging auf das Holzhaus zu und sagte mehr zu sich selbst: »Man muß nicht unbedingt telefonieren, wenn man mit jemandem sprechen will. Außerdem wußte ich auch so, daß du kommst.« Damit war für ihn die Sache zu Ende. Er ging in das Haus, ließ die Türe aber offen stehen. Ich betrachtete das als Einladung und ging ihm hinterher. »Soll ich die Türe schließen, oder bleibt sie offen?« fragte ich. »Mach sie ruhig zu.«

Das Haus hatte zwei Räume. Ein Schlafzimmer, das ich schon durchs Fenster gesehen hatte und eine Wohnküche, in der ich mich jetzt befand. Links stand ein größerer Holztisch mit drei Stühlen, daneben ein zierliches, schon abgewetztes Sofa. Auf der anderen Seite des Zimmers war eine kleine Küche eingerichtet. Das Haus hatte keinen elektrischen Strom. Großvater kochte auf einem Herd, den er mit Holz heizte. In einem Regal standen ein paar Dosen mit Kaffee und Zucker. »Schön ruhig ist es hier«, sagte ich und schaute mir den Indianer, den ich Großvater nennen sollte, genauer an. Er war schon alt. Ich schätzte ihn zwischen 70 und 80 Jahren. Er war nicht groß gewachsen, so um die 1,65 Meter. Eher ein kleiner Mann. Sein Körper war zart und schmächtig. Aber an den beiden Unterarmen sah ich sehnige, stramme Muskeln. Seine Beine waren kurz und leicht gebogen, wie bei einem Cowboy aus den Wildwestfilmen. Er hatte graues, aber immer noch volles Haar, das er zu zwei Zöpfen geflochten trug. Beide Zöpfe waren am Ende mit Lederbändern zusammengebunden. Darin steckten kleine Federn. Seine Haut war auffallend geschmeidig und zart. Sie hatte eine rostbraune Farbe. Was mir sofort auffiel, waren seine großen, dunkelbraunen, fast schwarzen Augen. Es waren Augen, die lebten. Sie strahlten und funkelten wie schwarze Kristalle in einem klaren Gebirgsbach. Die Gesichtszüge waren fein. Es war mir, als ob der alte Indianer ständig lächeln würde. Ein Lächeln, erfüllt von Liebe und Güte. Seine Nase war kräftig gebaut, wie der Schnabel eines stolzen Adlers. Er trug ein blau-weiß kariertes Hemd, Jeans und Cowboystiefel.

»Hast du Hunger?« fragte er mich. »Und wie, ich habe den ganzen Tag noch nichts gegessen, bis auf ein Sandwich heute früh. Ich möchte dich gerne zum Essen einladen«, erwiderte ich. Er schaute mich an, überlegte kurz, sagte dann: »Eine gute Idee, so spare ich mir eine Mahlzeit. Laß uns gleich fahren.« Wir stiegen in meinen Wagen. Großvater hat einen alten zerbeulten Pick-up. Die ursprüngliche Farbe muß einmal Rot gewesen sein, jetzt ist das Auto braun vor Rost. Wenn Großvater damit fährt, klappert der ganze Wagen. Ich habe ständig Angst, daß der Wagen einmal mitten auf der Straße auseinanderfällt. Auch das Innere des Pick-ups sieht dementsprechend aus. In der Erde auf dem Fußboden konnte man Kartoffeln anbauen, und mit dem Staub auf dem Armarturenbrett eine Sonnenfinsternis hervorrufen »Autos sind eine Erfindung der Weißen«, sagt Großvater. »Ich achte die Weißen nicht besonders, warum sollte ich dann auf ihre Dreckschleudern achten? Mein Auto nehme ich so wichtig, wie ich den Weißen Mann für wichtig nehme. Eigentlich gar nicht.« »Du bist also ein German-Guide«, sagte der alte Indianer so ganz beiläufig, während er aus dem Fenster blickte. »Ja und nein«, antwortete ich. »Ich arbeite in Deutschland, bin aber gebürtiger Österreicher, Austria. Du kennst vielleicht Mozart?« »Nein«, meinte er, »Mozart kenne ich nicht. Aber ein Mann namens Hitler war doch auch Österreicher, oder?« »Ja, Hitler kam auch aus Österreich.«

»Was machst du eigentlich hier in Pine Ridge?« Ich erzählte ihm, daß ich viel über Indianer und South Dakota gelesen hatte, erzählte, wie ich George Blue Bird kennenlernte und daß ich die Prärie endlich mal mit eigenen Augen sehen wollte. Seine nächste Frage überraschte mich. »Sind Indianer dein Hobby?« Ich überlegte einen kurzen Moment, antwortete: »Nein, wie kannst du mein Hobby sein?« Die Antwort schien ihm zu gefallen. Er lächelte kurz und meinte: »Ja, da hast du recht. Aber die Weißen neigen dazu, alles zu ihrem Hobby zu machen, selbst uns Indianer. Sie gründen Clubs, stecken sich eine Feder ins Haar, sammeln Schmuck und spielen am Wochenende Rothaut. Und ihre Freunde sagen dann: ›Du hast aber ein interessantes Hobby‹.«

»Darf ich wirklich Großvater zu dir sagen? George sagte, ich sollte dich so nennen.« »Warum denn nicht, Großvater ist doch ein schönes Wort. Jeder hat einen Großvater, und die meisten von uns haben ihn in guter Erinnerung.« Der alte Mann dirigierte mich zu einem kleinen Fast-Food-Restaurant. Es war eigentlich ein größerer Wohnwagen mit Platz für höchstens zehn Gäste. «Charlys

Hamburger« hieß die Imbißbude. In der Küche stand ein Weißer mit einem dicken Bauch. Er begrüßte erst Großvater, dann mich. »Hey, ich bin Charly, freut mich, dich kennenzulernen. Was wollt ihr trinken?« Großvater bestellte ein Diät-Coke mit viel Eis. Ich schloß mich der Bestellung an. Zu Essen servierte uns Charly den größten Hamburger, den ich je in meinem Leben gesehen habe. Zwischen dem Sesambrötchen steckte ein ganzer Büffel, dick beschmiert mit Ketchup. Daneben türmte sich auf dem Teller ein Berg grüner Salat mit Tomaten. Und das alles für 4,75 Dollar. Großvater biß herzhaft in sein Sesambrötchen. Ich ließ mir meinen Hamburger ebenfalls schmecken. Großvater schaute mir lachend zu, meinte: »Und ich dachte immer, ihr deutschen Indianer seid alle Vegetarier. Nur kein Fleisch, jeden Tag Körner. Darum sehen die meisten von euch auch so schlecht aus und sind immer krank. Wir Indianer haben eine ganz besondere Beziehung zu Tieren. Sie sind mit uns verwandt, wir betrachten sie als unsere Brüder. Es sind beseelte Lebewesen, wie die Pflanzen- und Steinvölker. Die Tiere sind es, die uns Lakota erst zu spirituellen Menschen werden lassen. Die Tiere zeigen uns in Visionen den Weg zu Tunkashila, unserem Schöpfer. Aber die Tiere kennen auch ihre andere Bestimmung, uns Menschen auf der Erde zu ernähren. Wir Indianer wissen das seit Tausenden von Jahren. Ein Hirsch weiß, wann er unserem Pfeil nicht mehr entrinnen kann. Dann bleibt er ganz ruhig stehen und wartet auf den tödlichen Schuß. Er opfert sein Leben, damit der Mensch nicht verhungert. Er weiß ganz genau, daß wir Tiere nicht zum Spaß und zum Vergnügen schießen, so wie es die Weißen tun. Wir bitten das Tier um Verzeihung und rauchen mit seiner entweichenden Seele die Pfeife.«

Der Jäger spricht den Hirsch an, den er erlegt hat.

Es tut mir leid, daß ich dich töten mußte,
kleiner Bruder.
Aber ich brauche dein Fleisch,
denn meine Kinder hungern.
Vergib mir, kleiner Bruder.
Ich will deinen Mut, deine Kraft
und deine Schönheit ehren – sieh her:
Ich hänge dein Geweih an diesen Baum;
jedesmal, wenn ich vorüberkomme,
werde ich an dich denken
und deinem Geist Ehre erweisen.
Es tut mir leid, daß ich dich töten mußte;
vergib mir, kleiner Bruder.
Sieh her, dir zum Gedenken
rauche ich die Pfeife,
verbrenne ich diesen Tabak.

Jimalee Burton, Cherokee-Indianerin.[1])

Tabak – da fiel mir der Tabak ein, den ich Großvater mitbringen sollte. George hatte es mir extra aufgetragen. Ich stand auf, ging zum Auto und holte das Päckchen Tabak aus dem Handschuhfach. »Das ist für dich, Großvater«, sagte ich, und schob ihm den Tabak über den Tisch. »Ich habe gelesen, daß man einem Heiligen Mann immer Tabak mitbringen soll.« »Wer hat dir denn erzählt, ich sei ein Heiliger Mann?« fragte Großvater erstaunt. »Das hat George gesagt.« Großvater steckte den Tabak ein, bestellte sich noch einen Hamburger und noch eine Coke. Diesen Hamburger teilten wir uns und gemeinsam mampften wir den zweiten »Büffel« vom Teller. Dieses Teilen war mehr als nur eine Geste, es war der Beginn einer wunderbaren Freundschaft zwischen einem Heiligen Mann der Lakota und einem Weißen, einem Washichu, wie die Lakota uns verächtlich nennen. Darrell, ein Jicarilla-Apache und sehr guter Freund von mir, sagte einmal: »Du hast zwar eine weiße Haut, aber dein Herz und deine Seele sind tiefrot, so rot wie unsere Haut.« Das muß wohl der alte Indianer auch erkannt haben. »Iß nur«, sagte Großvater, »morgen wirst du dazu keine Gelegenheit haben.«

Mit diesen Worten stand er auf, steckte sich das letzte Stückchen Hamburger in die Hosentasche und verließ den Wohnwagen. Ich bezahlte die Rechnung und ging Großvater hinterher. Der alte Mann kniete neben der Hamburgerbude auf dem Boden. Er grub gerade mit den Händen ein kleines Loch, legte dort das Stück Fleisch hinein. Er deckte das Loch wieder zu, sang dazu ein Lied auf Lakota. Dann nahm er einen kleinen Stock, zeichnete ein paar Kreise um die Stelle. Ich kniete mich zu ihm. »Das ist eine Opfergabe für die Höheren Wesen«, sagte er. »Sie sind die Spender aller Dinge. Sie lassen Blumen blühen, geben den Kräutern ihre Heilkraft und dem Adler seine Stärke. Ich habe mich für das Essen bedankt. Nicht bei dir, du hast das Essen nur bezahlt.« Dann stand er auf und ging zum Wagen.

Auf der Rückfahrt sprachen wir kein Wort. Großvater sang dafür immer wieder das selbe Lied, das wie Heyuo, heyuo klang. Ich wußte nicht, was es zu bedeuten hatte, und er wollte es mir auch nicht sagen.

Bei seiner Hütte angekommen, fragte er mich, wo ich denn schlafen wolle. »Ich schlafe im Auto, das ist in Ordnung.« Ich ging noch auf einen Kaffee mit ihm in die Hütte. Während wir den heißen Muntermacher schlürften, erzählte ich von meiner Frau, den drei Kindern, von meiner Arbeit und von den Menchen in Deutschland. Er sagte all die Zeit kein Wort. Irgendwann stand er auf und ging in sein Schlafzimmer. Er kam mit einer Feder in der Hand zurück. »Das ist eine Habichtfeder«, sagte er und gab sie mir. Ein Habicht hat sie für dich verloren, sie fiel genau vor meine Füße. Der Habicht erzählte mir auch, daß du kommen würdest.«

Großvater muß meinen etwas dümmlichen Gesichtsausdruck bemerkt haben. »Der Habicht spielt in deinem Leben eine große Rolle«, sagte er. »Dieser Vogel wird dir noch oft begegnen.« Wie konnte Großvater von dem Habicht wissen? Es passierte zwei Wochen zuvor bei meinem Freund Darrell in der Jicarilla-Apachen-Reservation in New Mexico. Darrell erzählte mir von den spirituellen Zeremonien und Tänzen seines Volkes, als plötzlich ein Habicht über uns kreiste. Darrell blickte hoch und sagte: »Der Habicht ist der Bringer des Spirits. Er steht mit dem Bussard und dem Adler unserem Schöpfer am nächsten. Da der Habicht nicht mein Krafttier ist, kann er nur wegen dir gekommen sein. Er bringt dir die Spirits. Du wirst in den nächsten Wochen und Monaten viele neue Dinge erfahren, die mit deiner Spiritualität zu tun haben. Der Habicht taucht nicht einfach so auf, wenn sich zwei Menchen über heilige Dinge unterhalten, das hat alles seinen Sinn. Der Habicht, der Bussard und der Adler, sie werden in deinem Leben noch eine große Rolle spielen.«

Und 14 Tage später schenkt mir ein Heiliger Mann, zwei tausend Meilen von New Mexico entfernt, eine Habichtfeder. Das ging alles über meinen Verstand. »Und diese Feder ist wirklich für mich?« fragte ich ungläubig. »Wer vom Habicht träumt, hat die Kraft, ein weiser Mann zu werden«, sagte Großvater. »Das gilt selbst für einen Weißen. Aber nur dann, wenn er an seinen Kräften arbeitet und lernt, was Demut und Dankbarkeit bedeuten. Sonst verpuffen diese Kräfte wie ein Hauch in einem Orkan. So, gehe jetzt schlafen, wir müssen morgen früh raus.« Ich hatte noch so viele Fragen und erhoffte mir noch soviele Antworten von dem alten Mann. Auf dem Weg zum Auto fragte ich mich, warum sollte ich nur so früh aufstehen? Eigentlich wollte ich endlich einmal richtig ausschlafen.

Die Sonne begrüßen

Ich lag noch in den schönsten Träumen, als Großvater mich aus dem Tiefschlaf trommelte. »Los, aufstehen, wir müssen die Sonne begrüßen. Es wird ein schöner Tag.« Es war noch finstere Nacht, als ich völlig verschlafen aus dem Auto stieg. Nur am Horizont konnte man erahnen, daß ein neuer Tag erwachen würde. Die Luft war rein und klar. »Atme tief durch«, sagte Großvater, »reinige erstmal deine Lungen, sauge den Atem des Universums ein. Schau dir dabei die Bäume an, höre auf den Schrei der Eule, die dem Tag gute Nacht sagt. Berühre mit der Hand die Erde, sie ist deine Mutter. Schaue hoch in den Himmel, er ist dein Vater. Atme tief ein und stell dir vor, daß deine Mutter und dein Vater jetzt in dir sind. Sie breiten sich in dir aus und ein Lichtstrahl dringt aus deinem Herzen. Er wird eins mit der Energie alles Lebenden.«

So munter war ich in meinem ganzen Leben noch nicht. Erst später wurde mir bewußt, was Großvater mit all dem meinte. Wenn ich schon morgens an Mutter Erde und Vater Himmel und an alle die Tiere und Pflanzen denke, und mich mit ihrer Energie vereine, dann bin ich fit für den ganzen Tag.

Wieviele Menschen steigen morgens mißgelaunt aus dem Bett. Sie schlurfen mit müden Schritten ins Badezimmer, gucken sich im Spiegel ihr verschlafenes Gesicht an. Sie denken an den Job, den sie in einer Stunde antreten müssen und sind den ganzen Tag schlecht gelaunt. Man braucht nur durch die Stadt zu gehen. Die Leute hetzen mit verkniffenem Gesichtsausdruck durch die

Straßen, kein freundlicher Blick, kein aufmunterndes Wort für den Sitznachbarn in der Straßenbahn. Jeder hängt seinen trüben Gedanken nach. Machen Sie es wie Großvater. Begrüßen Sie den neuen Tag, die Erde, den Himmel, die Bäume im Garten, die Vögel und Eichhörnchen in den Büschen. Hören Sie bewußt auf das Zwitschern der Amseln und Meisen. Atmen Sie langsam und tief durch, spüren Sie diese Energie, die durch Ihre Lungen strömt. Sie werden sehen, es wird ein schöner Tag.

Großvater und ich gingen den Canyon hinaus, stiegen Hügel hoch, und vor uns breitete sich die weite Prärie von South Dakota aus. Bis zum Horizont unendliche Weite. Es war zwar noch nicht viel davon zu sehen, aber ich konnte es erahnen. Großvater setzte sich auf den Boden, faltete die Hände zum Gebet. Er wartete auf die Sonne. Langsam wurde es lichter am Horizont. Ein erstes zartes Rot versuchte die dunklen schweren Vorhänge der Nacht beiseite zu schieben. Das Rot wurde heller, die Nacht flüchtete langsam vor der anrückenden Kraft des Tages. Dann blinzelten die ersten Sonnenstrahlen über den Rand des Horizonts, erst ganz zaghaft, so als wollten sie erst einmal schauen, was sie hier erwartete. Andere Strahlen drängten nach, bis endlich die glutrote Scheibe der Sonne zu sehen war. Zentimeter für Zentimeter schob sie sich in den Himmel. Die ersten Sonnenstrahlen berührten unsere Gesichter. Großvater streckte seine Hände der Sonne entgegen und begann zu singen.

Tuato ke tsche a mani u-elo

Wana ri-uan tsche a mani-e
Tuato ke tsche a mani u-elo

Ne tunkashila
kia au elo he

Wana ri-uan tsche a mani-e
Tuato ke tsche a mani u-elo

Ne tunkashila
juha kimpelo he

Ne tunkashila
opa ri juhach kiampelo

Wana ri-uan tsche a mani-e
Tuato ke tsche a mani-e

Hört hin, hört hin.
Ich höre eine Stimme.
Sind es eure Großväter?
Oder kommt ein Spirit auf uns zu?

Schaut!
Ich sehe, es sind die Großväter
wie sie durch den Himmel auf uns zufliegen.

Schaut!
Eure Großväter kommen.
Mit den heiligen Gegenständen
fliegen sie durch die Luft.
Sind es eure Großväter, die kommen?

Schaut!
Die Spirits der Vorfahren kommen
im Fluge durch die Luft,
um die heiligen Gegenstände zurückzubringen.

Eure Großväter kommen,
eure Großväter kommen.

»Bruder Sonne, erfülle uns mit deinem Licht und deiner Kraft. Sieh her, hier sitzen wir vor dir, Frank und Gerhard, in Demut und Dankbarkeit. Bruder Sonne, du erfüllst uns mit Leben. Ich schicke dir den gefleckten Adler, wanblee gleshka. Er bringt dir eine Botschaft.«

Dann begann Großvater wieder zu singen. Leise und doch kraftvoll. Es war so schön, daß ich anfing zu weinen. Die Tränen liefen mir die Wangen hinunter. Ich saß da wie in Trance. Rechts neben mir der alte Indianer, der mit fester Stimme den neuen Tag begrüßte, vor mir die glutrote Sonne, die jetzt die Nacht erobert hatte. Zu meinen Füßen die Prärie von South Dakota; da, wo noch vor rund 150 Jahren die Büffel grasten. Ich kann nicht in Worte fassen, was ich in diesem Moment empfunden habe. Ich war überwältigt, glücklich, tränenüberströmt.

Ich betete: »Tunkashila, oder wie du auch immer heißen magst, ich danke dir für diese Stunden. Ich danke dir, daß ich das alles erleben darf, daß ich diesen alten Indianer neben mir kennengelernt habe.« In diesen Minuten fühlte ich mich als der glücklichste Mensch der Welt – daran hat sich bis heute nichts geändert. Großvater hat mir mit dieser Sonnenaufgangs-Zeremonie gezeigt, was es heißt, Demut vor der Schöpfung zu haben. Großvater endete sein Gebet mit den Worten: »Laß uns einen fröhlichen Tag haben.«

Nach etwa einer halben Stunde machten wir uns wieder auf den Heimweg. Meine Tränen waren inzwischen getrocknet, aber sie hatten deutliche Spuren in meinem Gesicht hinterlassen. Großvater verlor darüber kein Wort. Er sagte nur: »Daß die Sonne jeden Tag aufgeht, ist ein Geschenk von Wakan Tanka an uns Menschen. Für die meisten ist es leider zur Selbstverständlichkeit geworden, daß die Sonne jeden Tag am Himmel steht, auch wenn wir sie mal ein paar Tage nicht sehen. Die Menschen haben vergessen, daß die Sonne ein Teil der Schöpfung ist.

Was glaubst du, wie die Menschen auf der ganzen Welt in Panik ausbrechen würden, sollte die Sonne eines Tages vergessen aufzugehen. Alles Leben auf unserer Erde hängt von der Sonne ab. Die Menschen würden nach ihr schreien, sie herbeiflehen, jeden Tag Stoßgebete gegen den Himmel schicken. Die Sorgen von heute würden einer einzigen Sorge weichen: Wo bleibt die Sonne? Du mußt lernen sie zu lieben und in Demut zu betrachten, solange sie da ist.«

Zurück in der Hütte, ging Großvater ins Schlafzimmer, kam mit einem Bündel Gras und einer Adlerfeder zurück. »Das ist Salbei«, sagte er und deutete dabei auf das graue Gestrüpp in seinen Händen. Es sah aus wie ausgetrocknete Palmblätter. Salbei wächst wild in der Prärie und ist, so sagen die Lakota, die einzige Pflanze auf der Welt, die nur positive Energien hat. Salbei kann man als Tee zubereiten oder anzünden.Großvater zündete den Salbeizweig an. Ein würziger Rauch breitete sich in der kleinen Hütte aus. Großvater nahm die Adlerfeder, fächelte mir damit den Rauch zu. Ich nahm ihn mit meinen Händen auf und verteilte den Rauch über meinen Körper, auch über Gesicht und Kopf. »Das dient zur Reinigung«, sagte Großvater. »Salbei reinigt deinen Körper von negativen Kräften. Wir müssen heute abend sauber sein und viel Kraft haben.« Warum wir sauber sein mußten, verriet er mir nicht. Ich wollte ihn auch nicht fragen, denn wer zuviele Fragen stellte, den strafte Großvater mit stundenlangem Schweigen.

»Ihr Weißen wollt immer alles wissen«, sagte der alte Mann, »alles wollt ihr hinterfragen, jedem Geheimnis wollt ihr auf die Spur kommen. Nehmt die Dinge doch einfach so, wie sie sind. Ihr müßt nicht immer hinter jeden Vorhang schauen. Ihr wollt wissen, warum die Delphine und die Wale sprechen. Ihr wollt wissen, wie sie sprechen, ihr wollt wissen, was sie sprechen. Ihr bestückt die Tiere mit einem Sender, damit ihr sie ständig überwachen könnt. Daß die Tiere dabei leiden, das kommt euch wohl nicht in den Sinn. Wakan Tanka hat das Universum, die Erde, alle Tiere, Pflanzen und die Menschen erschaffen. Ihr wollt wissen, warum er alles erschaffen und wieviel Tage er dafür benötigt hat. Ihr wollt wissen, warum die Blätter grün sind, die Vögel fliegen können und die Sterne leuchten. Ihr wollt wissen, wie Tiere reagieren, wenn man ihnen Alkohol zu trinken gibt, ihr wollt wissen, wie tief das Meer ist und was passiert, wenn eine Atombombe explodiert.

Wir haben unser Wissen von Wakan Tanka. Wir wissen, daß der Adler heilig ist. Wir wissen, daß viele Kräuter heilig sind, daß der Bär, der Büffel und der Hirsch heilig sind. Wir wissen, daß unsere Lieder und unsere Tänze heilig sind. Wir wissen, daß wir demütig und dankbar sein müssen, wenn wir ein glückliches, erfülltes Leben leben wollen. Wir wissen, daß unsere Seele nach dem Tod auf dem Geisterpfad der Milchstraße in das Land der vielen Zelte wandert. Wir wissen, daß im Land der vielen Zelte die Tipis aller Vorfahren aufgeschlagen sind. Das alles wissen wir. Wakan Tanka hat es uns erzählt.«

Spirituelle Erfahrungen

Wakan Tanka

Wakan Tanka ist bei den Lakota die höchste Energie, die oberste Quelle der Kraft. Er ist der Schöpfer, der alles erschaffen hat. Alles im Universum und auf der Erde kommt von Wakan Tanka. Er ist das große Geheimnis, der Schöpfer allen Lebens, er ist alles in einem. Großvater sagt: »In jedem Käfer und in jedem Grashalm steckt die Kraft und die Güte von Wakan Tanka. Er hat uns Menschen ein Paradies geschaffen. Sieh dich um. In eurer Bibel steht soviel vom Paradies geschrieben, das irgendwo zwischen den Welten liegt. Ein Ort, wo nur die Guten hinkommen, Menschen mit einer weißen Weste. Wenn einer genug Geld der Kirche spendet, kommt er ganz automatisch ins Paradies. Da drückt der Pfarrer auf einen roten Knopf – und schon ist alles perfekt. Ihr Weißen werdet wie am Fließband ins Paradies geschickt. Wakan Tanka hat Menchen mit verschiedenen Hautfarben geschaffen. So, wie es weiße, rote, gelbe, blaue und schwarze Blumen gibt. Er wollte uns damit zeigen, daß wir alle eins sind. Das Paradies kann man nicht mit Geld erkaufen, es ist um uns und in uns, wir können jederzeit dorthin gelangen. Dazu benötigt man keine Dollars. Der Schlüssel dazu heißt Wakan Tanka. Er ist um uns und in uns, er ist das Paradies.«

Wakan Tanka spricht zu mir

Nicht durch die menschlichen Gedanken,
Festgehalten auf den Seiten eines Buches.

Er schreibt nicht Worte, nicht Credo, nicht Dogma,
Um mich zu binden an einen Klan.
Im Flug der Vögel auf ihrem Zug
In Länder, unerreichbar meinem Auge,
In Bäumen, die wurzeln und gelassen
Aufwachsen zu ihrer ganzen Größe,
In Blumen, deren Blüten
Solch zarten Duft in sich bewahren,
Und durch jedes Tier,
Das seinen Sinn in sich begreift,
Im Aufsteigen der Sonne zur Morgendämmerung,
Kündend von einem neuen Beginn,
In der Mondin, die Flut und Ebbe
Der Gezeiten in ihren Händen hält,
In Venus, Jupiter und Mars
Und den Sternen, die sein Gefolge sind,
In allem, was da atmet
Und sich bewegt
Und kriecht
Und fliegt
Und steht,
Spricht Wakan Tanka zu mir.

Kenneth Meadows[2])

Das Wort »wakan« kann auch mit heilig übersetzt werden. Heilige Männer sind wakan. Bäume, die heilen, sind wakan. Heilkräuter und Pflanzen sind wakan, wie die meisten Tiere auch. Der Adler, der Hirsch, der Bär, die Schildkröte, der Büffel, der Wolf. Nicht zu vergessen die Steine, auch sie sind wakan, denn sie besitzen große Heilkräfte. Wakan Tanka ist für die Lakota eine heilige Kraft, vor der sie großen Respekt und tiefe Ehrfurcht haben. Ein Satz wie: »Du lieber Gott, was ist denn das?« würde ihnen niemals über die Lippen kommen. Wakan Tanka nennen die Lakota auch liebevoll Tunkashila, Großvater. Wer sein tägliches Gebet verrichtet, spricht mit Tunkashila. Ich habe von meinem Indianer-Großvater gelernt, jeden Tag mit Tunkashila zu sprechen. Ich mache es meistens abends, wenn ich noch einmal mit dem Hund hinaus gehe. Da ist die Luft klar und rein, und ich habe Zeit, meinen Gedanken nachzugehen. Ein Gebet zu Spirit-Großvater hört sich in etwa so an:

Großvater,
ich danke Dir für diesen wunderschönen Tag.
Ich danke Dir für all das Schöne,
das ich heute erleben durfte.
Großvater, danke, daß Du auch heute
meine Familie beschützt hast.
Großvater, halte bitte auch in Zukunft
Deine schützenden Hände
über meine Frau, meine beiden Töchter
und meinen Sohn.
Großvater, ich danke Dir, daß wir alle gesund sind.
Großvater, laß Frieden einkehren auf Erden.
Laß die Politiker endlich verstehen,
daß sie mit Gewalt nichts erreichen.
Laß sie begreifen, daß sie den Menschen,
den Tieren und Mutter Erde nur großes Leid zufügen.
Laß sie Deine Liebe und Deine Güte fühlen.
Geist-Großvater,
schick den Menschen Dein heilendes Licht,
damit ihre Herzen und Seelen erstrahlen.
Großvater, ich danke Dir.

Ich spreche auch oft mit meinem Lakota-Großvater. Wir stehen in einer Art telepathischen Verbindung. Er hat kein Telefon im Haus, darum kann ich ihn auch nicht anrufen. Er mag keine Telefone. »Tunkashila hat das sicher nicht gewollt«, sagt er. »Wenn die Menschen sich etwas zu sagen haben, dann werden sie schon zueinander finden. Das muß nicht jeden Tag sein. Was ist schon ein Tag, was ist schon ein Jahr?« Ein einziges Mal habe ich mit Großvater telefoniert. Es war an einem Mittwochnachmittag. Um diese Zeit sitzt er oft bei Charly im Wohnwagen und trinkt Kaffee. Der Becher kostet bei Charly nur 80 Cents und man kann soviel trinken wie man will. Großvater schlürft dann schon mal vier bis fünf Becher. Der Kaffee in Amerika ist aber so dünn, daß man ihn auch als braunes Wasser bezeichnen könnte. Ich rief also bei Charly an, der holte Großvater an den Apparat. Er sagte kein Wort. Ich fragte: »Hallo Großvater, wie geht es dir?« Er antwortete nur: »Frag dein Herz«, dann legte er einfach auf. Seitdem haben wir nie wieder am Telefon miteinander gesprochen.

Gebet an die Birke

Nachdem Großvater sich und mich mit dem Salbei gereinigt hatte, ging er aus dem Haus. »Ich benötige heute abend viel Kraft und Stärke«, sagte er. »Ich muß jetzt mit Tunkashila auf eine Reise gehen, ich brauche seinen Rat.« »Und was mache ich in der Zwischenzeit?« fragte ich. »Bete, du hast den ganzen Tag Zeit dafür. Gebete machen dich stark und offen für Tunkashila.« Ich mußte Großvater ziemlich hilflos angesehen haben. Er verstand wohl den Ausdruck in meinem Gesicht. Der alte Indianer lächelte und meinte: »Entschuldige, ich hatte für einen Moment vergesssen, daß du ein Weißer bist. Ihr habt nie gelernt richtig zu beten.

Siehst du die Birke da draußen? Zähle die Blätter und schicke dann jedem Blatt ein Gebet, da hast du genug zu tun. Oder zähle die Ameisen in einem Ameisenhaufen und schicke jedem Tier ein Gebet. Und wenn das nicht reicht, schicke jedem Bein von jeder Ameise ein Gebet.

Gehe ein Stück des Weges, da liegen Tausende von Steinen auf der Straße. Sprich mit ihnen, bete für jeden Stein, er ist dein Bruder. Schicke jeder Mücke, jeder Fliege, jedem Schmetterling, jedem Vogel und jedem Grashalm ein Gebet. Halte Zwiesprache mit ihnen, horche in sie hinein, und sie werden dir antworten. Erst wenn dir der Stein für dein Gebet dankt, hast du es richtig gemacht.« Mit diesen Worten machte Großvater die Tür hinter sich zu. »Und noch was«, rief er mir zu, »du darfst heute den ganzen Tag nichts essen.« Dann rauschte er mit seinem klapperigen, rostigen Pick-up davon.

Da stand ich nun, etwas ratlos mitten in der unendlichen Weite von South Dakota. Gerhard, du mußt völlig verrückt sein. Läßt dich da von einem alten Idianer wie ein kleines Kind behandeln. Eigentlich wolltest du in South Dakota Urlaub machen und keine Gebetsstunden nehmen. Aber ich hatte diesen alten Indianer liebgewonnen, also ging ich brav runter zur Birke. Ich betrachtete sie von allen Seiten, ließ mich dann am Fuß ihres Stammes nieder. Ich betrachtete den großen schlanken Baum, beobachtete, wie der Wind mit den kleinen grünen Blättern spielte. Sehr oft hatte ich in meinem Leben noch nicht mit einem Baum gesprochen. Die ersten Worte kamen daher etwas zaghaft. »Hallo, schöne Birke, ich sitze hier, weil ich von dem alten Indianer zu dir geschickt wurde. Ich bitte Tunkashila, daß er dich vor Stürmen verschont und daß du immer genug Wasser hast, um den Durst deiner Blätter zu stillen. Du bist so schön gewachsen, dein Stamm ist weiß und rein. Und stellvertretend für alle Blätter sagte ich zu einem kleinen Blättchen: »Ich wünsche dir noch viele herrliche Sommer. Versorge die Menschen mit deinem Sauerstoff, dafür danke ich dir«. Dann verließ ich die Birke, schlenderte in Richtung Canyon.

Rauchende Steine

Langsam bekam ich Hunger. Aber ich sollte nichts essen, und so versuchte ich die Bilder von ›dampfendem Kaffee, Rührei mit Speck und frisch geröstetem Toast mit Marmelade‹ zu vertreiben. »Tunkashila, bitte vertreib mir den Hunger. Ich will nicht schwach werden und Großvater enttäuschen.«

Ich betrachtete die Felsen des kleinen Canyons. »Felsen sind beseelte Lebewesen,« sagte Großvater. Wenn ich ehrlich sein sollte, hatte ich das so noch nie gesehen. Für mich waren die Steine entweder schön oder weniger schön anzusehen.

Jetzt allerdings sah ich sie doch mit etwas anderen Augen. Ich setzte mich nieder, betrachtete die Steine vor mir auf dem Boden etwas genauer. Auf den ersten Blick waren es Steine, wie sie zu Abertausenden in der Gegend herumliegen. Großvater sagte, das Steinvolk sei das älteste Volk auf Erden. »Es war lange vor den Tieren da und ist viel älter und weiser als der Mensch. Jeder Stein ist ein individuelles Lebewesen mit einem festen Platz im Universum. Die Steine können zu uns Menschen sprechen, aber nur die wenigsten verstehen ihre Sprache. Mach dir die Mühe und höre einem Stein zu, wenn er seine Geschichte erzählt. Du brauchst Geduld, um seinen Worten lauschen zu können. Steine sind alt und weise, sie haben kein Gefühl für Zeit.

Sie kennen keine Uhr, deren Zeiger sich unerbittlich vorwärts bewegen.«

Zeit ist eine Erfindung des Menschen.
Wir haben die Zeit erfunden, und sagen,
daß sie vergeht. Aber nur, um von der
Tatsache abzulenken,
daß wir es sind, die vergehen.

Bei den Lakota ist Inyan, der Felsen, einer der vier oberen Götter, zusammen mit Maka, der Erde, Skan, dem Himmel und Wi, der Sonne. Inyan ist der Ahnherr aller Götter und aller Dinge. Er ist auch Fürsprecher der Autorität und Schutzherr der Künste. Kein Wunder also, daß die Lakota die Steine und Felsen sehr verehren.

»Steine können heilen, sie ziehen Krankheiten aus dem Körper. Aber Wakan Tanka sucht sich die Menschen genau aus, denen er die Heilgeheimnisse der Steine anvertraut«, sagt Großvater. Er ist ein Steinträumer. Großvater erzählte mir, daß es eine große Verantwortung gegenüber den Spirits ist, mit Steinen zu heilen. »Du mußt einen langen, oft sehr dornenreichen Weg gehen, um an diese Kräfte zu gelangen. Du mußt den Charakter jedes einzelnen Steins ergründen und seine Seele spüren. Aber Steine lassen dich oft zappeln. Sie können über Jahre stumm bleiben, auch wenn du dich noch so bemühst. Sie wollen sicher sein, daß der, der um ihre Kräfte bittet, es auch ehrlich meint. Steine können in gewisser Weise arrogant sein. Sie wissen um ihre Macht und Stärke. Du kannst sie aber umschmeicheln, indem du häufig mit ihnen sprichst. Steine lieben den Duft von Süßgras und Salbei. Beräuchere sie mit einer Adlerfeder; eines Tages werden sie dich erhören und ihre Geheimnisse preisgeben.«

An diese Worte mußte ich denken, als ich die Steine betrachtete. Ich nahm einen in die Hand. Er hatte eine ovale Form, die Farbe war mattgrau mit dunklen Tupfen. Dazwischen schimmerte es ein wenig gelb. Ich betrachtete den Stein von allen Seiten. Plötzlich entdeckte ich feine Linien, die den Stein umspannten. Sie waren ganz zart, so wie Spinnweben. Ich fuhr mit meinen Fingern den Linien nach, spürte ihre feine Oberflächenstruktur. Ich drehte den Stein um, betrachtete ihn von der anderen Seite. Da wurde mir zum ersten Mal bewußt, daß Steine mehrere Gesichter haben. Jedesmal wenn ich ihn drehte, bekam er eine andere Form. Großvater sagte, wenn ich mit Pflanzen und Steinen in Kontakt treten will, muß ich den schamanischen Blick anwenden. Das heißt, man darf sich nicht auf einen bestimmten Punkt konzentrieren, sondern muß versuchen, durch die Pflanze oder den Stein hindurchzusehen. Dazu muß man leicht schielen, so wie bei den magischen Fotos, die dann dreidimensional erscheinen. Es ist wohl eine reine Übungssache. Bei mir wollte es überhaupt nicht klappen. Über eine Stunde saß ich da, schaute mir die Steine an. Zum Schluß brannten mir nur die Augen von dem vielen Schielen. Ich wollte schon aufgeben, da fiel mein Blick auf eine Gruppe von Steinen, die ich die ganze Zeit über nicht beachtet hatte. Die Steine waren zu einem Art Haufen aufgeschichtet. Plötzlich veränderten die Steine ihre Farbe; von Graubraun auf Violett. Als ich näher ging, um mir die Sache genauer anzusehen, wurden die Steine rotorange. Dann sah ich die Umrisse eines Gesichtes, es war Großvater. Seine Augen waren riesengroß, Schweiß rann ihm von der Stirn. Mein Gott, dachte ich, da ist was passiert. Die Geister schicken mir ein Zeichen, daß Großvater in Gefahr ist. Meine Gedanken schlugen Purzelbäume, ich konnte mir das alles nicht erklären. Hastig rannte ich zur Hütte. Aber sie war leer, alles war friedlich. Ich setzte mich ins Auto, raste zu Charlys Hamburger-Bude. Sie war geschlossen. Ich fuhr wieder zurück zur Hütte, der alte Indianer war immer noch nicht da. Später erzählte mir Großvater, daß er durch die Steine nur eine Botschaft schicken wollte. Er saß zu diesem Zeitpunkt in der Schwitzhütte, um ein Reinigungsbad zu nehmen. »Die Steine haben mir erzählt, daß du dich sehr intensiv mit ihnen beschäftigt hast. Das hat mich sehr stolz gemacht.« Der Mann muß ein Zauberer sein, dachte ich. »Steine haben ihren festen Platz im Universum,« erklärte mir Großvater, »sie sind das älteste Volk. Kein Mensch hat das Recht, einen Stein einfach aufzuheben und ihn einzustecken, oder ihn gar achtlos wegzuwerfen. Man muß ihn erst bitten, bevor man ihn mitnimmt. Wenn du aus dem Stein ein Schmuckstück anfertigen willst, dann sag ihm das. Bring den anderen Steinen ein Opfer, dann werden sie dir nicht böse sein. Sie sehen, daß ihr Bruder in guten Händen ist. Sag dem Stein, daß er poliert und geschliffen wird, daß du ihn noch schöner machen willst. Das schmeichelt ihm. Steine sind eitel. Sie lieben es, in Ringe oder Ketten gefaßt zu werden. Du darfst den Stein nie als leblosen Gegenstand betrachten und behandeln.« Großvater lehrte mich auch, daß Steine Gedanken lesen können – davon aber später mehr.

Wieder meldete sich der Hunger. Ich legte mich in mein Auto, schlief ein. Als ich wieder erwachte, ging der Tag langsam zur Neige. Ich blickte mich um und sah Großvaters Pick-up. Überglücklich stürmte ich ins Haus, ich wollte dem alten Herrn von den rauchenden Steinen erzählen. In der Küche war er nicht, so öffnete ich die Tür zum Schlafzimmer. Großvater saß auf dem Boden, das Zimmer war voller Salbeirauch. Großvater hatte eine Lederhose an, der Oberkörper war nackt. Er saß vor einem Altar. Auf einer Decke mit Sternenmuster lagen mehrere Rasseln, eine Trommel, daneben zwei Adlerflügel, ein ausgestopfter Adlerkopf sowie allerlei Kräuterrollen und vier verzierte Holzstäbe. Der Oberkörper von Großvater war mit Narben übersät. Vorne am Brustkorb und hinten am Rücken entdeckte ich mehrere markstückgroße Narben, die beiden Schultern waren um die Schlüsselbeine völlig vernarbt. Erst später sollte ich erfahren, was es mit diesen Narben auf sich hat. Großvater sagte kein Wort, als ich in das Zimmer stürmte. Er war zumindest nicht überrascht oder gar böse. Schließlich hatte ich ihn in einem Ritual gestört und das haben Heilige Männer nicht gerne. Ich stellte mich ruhig in eine Ecke und wartete, bis

Großvater fertig war. Er nahm vorsichtig die Gegenstände von der Decke und wickelte sie alle in Ledertücher ein. »Schön, dich zu sehen«, sagte er. »Komm, du mußt mir helfen, die Zeremonie vorzubereiten. Bald kommen die Leute, und dann sollte alles fertig sein.« Er drückte mir die Decke in die Hand. »Sei vorsichtig, lasse sie ja nicht fallen.« Großvater zog sich ein Hemd über, packte sein Bündel und verließ die Hütte. Ich folgte ihm den schmalen Pfad hinauf, den ich bei meiner Ankunft bereits erkundet hatte. Wenig später kamen wir zu dem zweiten kleinen Häuschen ohne Fenster. Jetzt stand die Türe offen, und ich hörte Stimmen aus dem Inneren des Hauses.

Die Geister tanzen

Wir traten ein. Drei Frauen und zwei Männer unterhielten sich leise. Vier Petroleumlampen erhellten den Raum, warfen dabei gespenstische Schatten auf die Wände. »Jey«, begrüßten uns die Anwesenden. Großvater stellte mich kurz vor. Zwei jüngere Männer betrachteten mich etwas mißtrauisch, die anderen empfingen mich mit einem herzlichen Lachen.

Der Boden der Hütte war mit Salbei ausgelegt. In der Mitte war ein kleiner Hügel aus roter Erde errichtet. Großvater legte neben den Erdhügel zwei Kürbisrasseln, eine links und eine rechts. Dann holte er aus einem Beutel vier Kaffeedosen, die er sonst immer in der Küche stehen hat. Er stellte sie an vier Ecken, damit sie ein Rechteck bildeten. Die Dosen füllte er mit roter Erde. Er steckte jene vier verzierten Holzstäbe hinein, die ich in meinem Bündel getragen hatte. Darauf setzte er farbige Fähnchen. Ein rotes, ein schwarzes, ein gelbes und ein weißes. Großvater erklärte mir, daß der Erdhügel ein Altar sei und die Fähnchen die vier Himmelsrichtungen repräsentieren. Was ich zu diesem Zeitpunkt noch nicht wußte: Ich durfte einer yuwipi-Heilzeremonie beiwohnen. Daher also das Fasten und das viele Beten.

Nach einiger Zeit schickte mich Großvater zurück zur Hütte. Dort waren in der Zwischenzeit viele Leute angekommen. Der Platz vor dem Haus war zugeparkt mit Pickups. Die meisten von ihnen waren neu und glänzten. Es war keiner dabei, der so rostig war wie der Wagen von Großvater. In der Hütte und auf der Terrasse hatten die

Frauen und Männer weitere Tische und Stühle aufgebaut. Darauf standen Töpfe mit Salaten, Kartoffeln und Gemüse. Auf dem Herd dampfte eine Suppe, es roch köstlich. Vier Männer zerrten zwei riesige Trommeln aus einem Wagen. In einem gelben Pick-up saß ein älterer Mann mit einem Cowboyhut auf dem Kopf, er sah sehr krank aus. Ich stellte mich vor, aber der Mann nahm keine Notitz von mir. Auch die anderen waren sehr beschäftigt und würdigten mich keines Blickes. Nach einiger Zeit setzte sich der Troß in Bewegung. Der kranke Mann mit dem Cowboyhut wurde von zwei Frauen gestützt. Er war groß und hager, das Gesicht eingefallen. Ich half, eine der Trommeln zu tragen. Bei der Hütte angekommen, wurden wir bereits von Großvater erwartet. Er hatte eine Muschel mit glimmendem Salbei in der Hand, dazu eine Adlerfeder. Mit der Feder beräucherte er uns. Wieder nahm ich den würzigen Rauch mit beiden Händen auf, fuhr damit über Gesicht und Kopf, dann über den ganzen Körper. Eine Frau gab Großvater eine Schnur, an der kleine Tabakbeutelchen hingen. Diese Schnur wurde um die vier Kaffeedosen gelegt. Großvater stellte sich in das Rechteck, zwei Männer fesselten ihm seine Hände auf den Rücken. Dann wickelten sie ihn in die Sternendecke ein, verschnürten ihn mit festen Seilen wie ein Postpaket. Von Großvater war nichts mehr zu sehen und ich hatte Angst, daß er in der Decke ersticken würde. Dann hoben ihn die Männer hoch und legten ihn mit dem Gesicht nach unten in die Mitte des Rechtecks. Eine Frau kam und steckte jedem von uns einen kleinen Salbeizweig hinters Ohr. Ich zählte insgesamt 22 Personen, mit mir waren es 23. Wir setzten uns in einem engen Kreis um Großvater, der immer noch verschnürt vor uns lag. Wir faßten uns alle an den Händen. Die Petroleum-Lampen wurden gelöscht, in der Hütte war es jetzt stockduster. Selbst als ich mich an die Dunkelheit gewöhnt hatte, konnte ich nur Umrisse erkennen.

Die vier Trommelmänner fingen zu trommeln an. Erst langsam und leise, dann immer schneller und lauter. Dazu sangen sie Lieder, wie ich sie schon von Großvater gehört hatte. Alle anderen stimmten in den Gesang mit ein, auch Großvater sang. Ich hörte seine Stimme klar und deutlich aus der Sternendecke kommen. Zeit und Raum nahm ich nicht mehr wahr. Die dumpfen Trommelschläge und die Lieder vermischten sich zu einem sakralen Chor. Ich merkte, wie mein Verstand langsam abschaltete. Ich wiegte mich im Rhythmus der Schwingungen. Plötzlich kam Wind auf. Aber nicht draußen, sondern in der Hütte. Es war, als ob jemand sämtliche Fenster und Türen geöffnet hätte. Aber das Haus hatte keine Fenster und die Tür war dicht verschlossen. Mit einem Male begann es zu rauschen. Ganz deutlich spürte ich, wie der Wind sich in meinem Pullover verfing. Ich suchte nach einer logischen Erklärung für dieses Phänomen, fand aber keine. Kaum hatte ich meine Gedanken auf Verstand geschaltet, wurden sie wie ein Lichtschalter wieder ausgeknipst. Aber der Wind war da, ich spürte ihn deutlich auf meiner Haut. Mir war, als befände sich ein riesengroßer Vogel in dem Raum. Ein Vogel, der mit seinen mächtigen Schwingen auf und ab schlug. War das der gefleckte Adler, von dem Großvater so häufig sprach? »Wanblee gleshka ist das heiligste Tier«, erzählte er mir. »Er ist der Bote Wakan Tankas, er bringt uns Tunkashilas heilende Kräfte. Wenn der gefleckte Adler im Raum ist, dann hat Spirit-Großvater unsere Gebete erhört.« Der Wind wurde noch stärker. Plötzlich tanzten bunte Lichter durch den dunklen Raum. Es waren sprühende Funken, die wie riesige Glühwürmchen auf und ab tanzten. Sie fegten um uns herum, blieben kurz stehen, tanzten weiter. Einige kreisten um Großvater, der noch immer in seiner Decke lag. Ich spürte den Druck der Hände meiner Kreisnachbarn. Er wurde fester. Auch ich drückte zu.

Ich sah, wie ein Funke in Brusthöhe auf mich zuflog. Er sauste durch meinen Körper, kam von hinten über den Kopf zurück, tanzte eine Zeitlang vor meinen Augen, und sauste wieder davon. Dann spürte ich diese riesige Vogelschwinge, Federn strichen über mein Gesicht. Plötzlich stand jemand hinter mir. Dieses Etwas berührte mich. Aber ich hatte keine Angst, nur das Gefühl, mich ganz hingeben zu müssen. Wenn ich jetzt gestorben wäre, glücklicher hätte ich nicht von dieser Erde gehen können.

Diese sprühenden Funken waren die Geister, die Großvater unter seiner Decke gerufen hatte. Geister, die vor meinen Augen tanzten. Tunkashila hatte die Gebete von Großvater erhört. Es war, als ob alle Kräfte und Energien des Universums in der Hütte versammelt waren. Dieser Augenblick machte mich zu einem anderen Menschen. Jetzt war mir klar, daß es Tunkashila wirklich gab. Ich habe die Kräfte des spirituellen Großvaters mit eigenen Augen gesehen. Ich habe ihn gespürt, er hatte sich mir offenbart.

Jetzt versammelten sich die funkelnden Geister um Großvater. Es war ganz hell um ihn herum geworden. Deutlich konnte ich die Decke mit den Konturen seines Körpers sehen. Die Lichter tanzten auf und ab. Plötzlich sah ich Großvater aufstehen. Er kam einfach aus der Decke heraus. Aber gleichzeitig sah ich ihn auch in der Decke verschnürt auf dem Boden liegen. Es gab jetzt zwei Großväter in dem Raum. Der, der aus der Decke stieg, ging in den Kreis, stellte sich hinter den hageren Mann. Er legte ihm beide Hände auf den Kopf. Ich wollte das alles nicht wahrhaben. War das der Geist von Großvater oder seine Seele, die für einige Minuten menschliche Gestalt angenommen hatte? Ich wußte es nicht. Auf alle Fälle tanzten jetzt die Lichter um den zweiten Großvater herum, der immer noch bei dem kranken Mann stand.

Es wurde weiter ununterbrochen getrommelt und gesungen. Nach einiger Zeit verschwand der Geist-Großvater wieder und mit ihm die sprühenden Funken. Der Wind in dem Raum ließ nach, das Rauschen wurde leiser, ebenso die Trommeln. Bummmm, bummmm, bummm. Dann war es wieder ganz still im Raum. Wir hörten zu singen auf, auch Großvater lag still in seine Decke gehüllt, dachte ich. Als die Petroleum-Lampen wieder helle Flecken in den Raum zauberten, saß Großvater entfesselt vor dem Altar. Die Decke lag fein säuberlich zusammengelegt neben ihm, obenauf die zusammengerollten Seile.

Wir saßen noch einige Minuten so da, jeder war mit sich beschäftigt. Dann fing Großvater zu sprechen an. Er erzählte, was ihm die Geister mitgeteilt hatten. Der hagere Mann litt unter Gallensteinen und schwerer Gastritis. Großvater sagte ihm, welche Medizin er nehmen soll, gab ihm einen Beutel mit Heilkräutern mit. Auch einer älteren Frau gab er Kräuter in die Hand. Das meiste, was da besprochen wurde, habe ich nicht verstanden. Sie sprachen alle Lakota. Anschließend zündete ein junger Mann die Pfeife von Großvater an und jeder von uns nahm ein paar Züge. Ich auch. Wenn die Pfeife an den Nachbarn weitergegeben wurde, sagte man: »Mitakuye oyasin«. Das heißt: »Alle meine Verwandten«. Diese zwei Wörter sind das kürzeste Gebet, das ich kenne. Man schließt damit alle Verwandten ein – Menschen, Tiere, Pflanzen und Steine.

Die yuwipi-Zeremonie hatte knapp zwei Stunden gedauert, mir kam sie vor wie ein paar Minuten. Anschließend gingen wir alle zu Großvaters Hütte, um das Festmahl einzunehmen, das die Frauen und Männer zuvor zubereitet hatten. Ich ging noch etwas benommen den schmalen Weg hinab. Ich schaute hoch in den klaren Sternenhimmel. Was hatte ich da erlebt, was war mit mir passiert? Ich legte mich auf den Boden, fühlte mit meinen Händen Mutter Erde. Meine Blicke waren auf die Sterne gerichtet, wo der gefleckte Adler, wanblee gleshka, zu Hause war. Waren das wirklich Geister in dem Haus, oder hatte mir jemand einen bösen Streich gespielt? Ich hatte keine Antwort darauf. Ich wollte in diesem Moment auch nicht darüber nachdenken. Ich war noch immer gefangen von meinen unbeschreiblichen Gefühlen und Gedanken. Und das wollte ich mir erhalten. Ich habe für mich Unerklärliches gesehen, gefühlt, gespürt und erlebt. Das reichte mir.

In der Hütte wurde ich schon von den anderen erwartet. Sie klopften mir auf die Schulter, alle redeten auf mich ein. In diesen zwei Stunden war ich ein Freund geworden, einer von ihnen. Da spielte meine Hautfarbe keine Rolle. Ich mußte ausführlich berichten, wie ich die yuwipi-Zeremonie erlebt hatte. Als ich von dem zweiten Großvater, den ich aus der Decke steigen sah, erzählte, war die Aufregung groß. Alle sprachen auf Lakota durcheinander, die Blicke richteten sich auf Großvater. Der nickte nur lächelnd mit dem Kopf, sagte sonst kein Wort dazu. Zu mir sagte er nur: »Du darfst jetzt etwas essen, der Fastentag ist vorbei.« Das ließ ich mir nicht zweimal sagen. Ich nahm einen Teller, packte ihn voll bis zum Rand. Besonders gut schmeckte mir die Fleischsuppe, die auf dem Herd stand. Erst später erzählte mir einer, daß es Hundefleisch gewesen sein soll. Ich verspürte aber wenig Interesse, das nachzuprüfen. Nach und nach löste sich die Gesellschaft auf, die Leute fuhren nach Hause. Was nicht aufgegessen wurde, ließen sie bei Großvater zurück. Wir zwei setzten uns noch an den Tisch, tranken eine Tasse Kaffee. Großvater sagte kein Wort, und ich stellte ihm keine Frage. Das machte ihn ganz stolz. Ein Weißer, der nach einer yuwipi-Zeremonie keine Fragen stellte.

Heilige Steine

Trotzdem möchte ich an dieser Stelle noch ein paar Worte zu diesem geheimnisvollsten aller Lakota-Rituale erzählen. Yuwipi heißt ›sich binden lassen‹. Der Gefesselte ist der Mann der tanzenden Geister. Die Zeremonie wird abgehalten, wenn jemand um Heilung bittet, wie in diesem Fall der Hagere mit dem Cowboyhut. Er muß dem Medizinmann eine gefüllte Pfeife schicken und selbst um diese Heilung bitten. Nimmt der Heilige Mann die Pfeife an, findet die Zeremonie innerhalb der nächsten zwei Wochen statt. Der Patient muß auch für das Festessen sorgen. Ein yuwipi-Mann wird auch gerufen, um verlorengegangene Gegenstände, verschwundene Kinder oder gestohlene Pferde wiederzufinden. Die Geister sagen ihm, wo die Sachen zu finden sind. Ich kenne den Fall eines verschollenen amerikanischen Flugzeuges, das bei schlechtem Wetter in den Rocky Mountains abgestürzt war. Dichter Nebel und Schneefall verhinderten eine Suchaktion. Niemand kannte die genaue Position des Flugzeugs. Der Bruder eines Besatzungsmitgliedes bat einen Heiligen Mann um eine yuwipi-Zeremonie. Der Gefesselte befragte die Geister und sie sagten ihm, wo das Flugzeug zu finden sei. Einen Tag später fanden Suchtrupps das Wrack, fünf Insassen konnten in letzter Sekunde gerettet werden.

Die yuwipi-Zeremonie ist die Zeremonie der Heiligen Steine. Die zwei Rasseln, die Großvater neben den Erdaltar gelegt hatte, sind mit je 405 weißen Steinsplittern gefüllt. Großvater erzählte mir später, was es mit diesen Steinen auf sich hat. »Diese Steine sprechen zu mir, sie übersetzen für mich die Antworten der Geister. Die Steine bekomme ich von den Ameisen. Sie sind meine Geisttiere, sie stehen für mich mit den Höheren Wesen in Verbindung. Die Ameisen erzählen mir, wenn genug Steine da sind. Sie hinterlegen sie für mich auf ihrem Ameisenhaufen, ich muß sie nur einsammeln.«

Über den hageren Mann mit dem Cowboyhut sagte Großvater: »Wenn er meine Medizin regelmäßig nimmt, wird er wieder völlig gesund.« Ich weiß nicht, ob Großvater einer der letzten wirklichen Heiler seines Volkes ist, viele gibt es ganz bestimmt nicht mehr.

Heilige Männer

Der Erde entrückt

Es gibt nicht mehr sehr viele Medizinmänner bei den Lakota, die eine yuwipi-Zeremonie durchführen können. Großvater ist ein »wicasa wakan«, ein Heiliger Mann. Das ist die höchste Stufe des sogenannten Medizinmannes. Er kann heilen, prophezeien, zu den Kräutern und Tieren sprechen, mit Steinen und Mineralien in Kontakt treten, zu den Geistern reden. Ein Heiliger Mann wie Großvater könnte sich der Öffentlichkeit stellen, Schüler um sich scharen und jedermann erzählen, was für ein besonderer Mensch er sei. Er könnte Bücher scheiben, Vorträge halten, durch die Welt reisen und ein reicher Mann werden. Aber seine Fähigkeiten sind für ihn ohne große Bedeutung. Er schöpft seine Kraft und seine Energie aus dem Gebet mit Tunkashila. Der Heilige Mann hat alles hinter sich gelassen. Er möchte lieber auf der anderen Seite des Ruhmes stehen, abseits der Menge und der alltäglichen Dinge. Er lebt wie ein Mönch, nur ist sein Kloster die Natur. Er liebt es, an einen Baum oder Felsen gelehnt zu meditieren, Mutter Erde und Vater Himmel zu spüren, wenn er mit ihnen und zu ihnen spricht. So ergründet er die wesentlichen Dinge im Leben. »Ich sehe am meisten, wenn ich die Augen geschlossen habe«, sagt Großvater. Er liebt die Stille und die Einsamkeit. Wenn er zurückgezogen in seiner »Kirche« betet, begleitet ihn keine dumpfe Orgel, sondern das Summen der Insekten, das Zwitschern der Vögel und das Brummen eines Grizzlybären. Der Heilige Mann sitzt der untergehenden Sonne zugewandt, und bittet sie um Hilfe. Er spricht zu den Tieren und Pflanzen, und sie antworten ihm. Er ist eins mit ihnen. Von allen Energien und Kräften fließt unaufhörlich etwas in ihn hinein, und etwas fließt aus ihm heraus. Ich weiß nicht, wie das alles funktioniert, aber es ist da. Ich habe es mit meinen eigenen Augen gesehen. Nach dem Verständnis der Indianer ist der Heilige Mann weder gut noch böse, er lebt in Balance. Er hat die Freiheit eines Adlers hoch am Himmel, und die Freiheit einer Maus tief unter der Erde.

Abb. 2: Ein Heiliger Mann in traditioneller Lakota-Kleidung. Auf dem Kopf trägt er eine Friedenshaube, mit einem Adlerflügel ruft er die Kräfte seiner Hilfsgeister.

Archie Fire Lame Deer

Ein anderer wicasa wakan, den ich kennenlernen durfte, ist Archie Fire Lame Deer, der Sohn von Tahca Ushte. Er kommt nicht aus Pine Ridge, sondern aus der Nachbar-Reservation Rosebud. Im Gegensatz zu Großvater, der noch nie über die US-Bundesstaaten Wyoming, Montana, North Dakota und Nebraska hinausgekommen ist, wurde Archie Fire Lame Deer zum bekanntesten Vermittler zwischen der »roten« und »weißen« Welt. Archie Fire hält Seminare und Workshops in vielen Ländern dieser Erde, auch in Deutschland (Kontaktadresse im Anhang). Er war es, der das Schwitzhütten-Ritual mit den Heiligen Liedern uns Weißen näherbrachte. »Auch der weiße Mann ist ein Kind Tunkashilas«, sagt Archie. »Mutter Erde geht es sehr schlecht, sie ist krank. Wir alle müssen für sie beten. Die Schwitzhütte ist ein Teil von Mutter Erde. Es kann nicht dem roten Mann alleine vorbehalten bleiben, die Erde wieder in Balance zu bringen. Dazu bedarf es der Kraft und der Liebe vieler Menschen. Nur deshalb habe ich unsere heilige Zeremonie nach Europa gebracht. Wir Indianer kennen das Geheimnis der Schöpfung. Was nutzt es Mutter Erde, wenn wir dieses Geheimnis mit in unser Grab nehmen? Es ist an der Zeit, daß auch andere Völker Verantwortung für die Dinge des Schöpfers tragen. Es ist schön zu sehen, wie die Saat der Spiritualität langsam in Deutschland aufgeht.«

Auch Archie Fire ist ein Mann, der längst über allen irdischen Dingen steht, und der alle Entwicklungstadien eines Medizinmannes durchlebt und durchschritten hat. Wie Großvater auch, hat Archie Fire die Macht, mit Pflanzen und Tieren in Kontakt zu treten. Einmal hielt er am Rande der Lüneburger Heide ein Schwitzhütten-Ritual ab. Es war abends, dunkle Gewitterwolken standen am Himmel, als Archie in der Hütte die Trommel schlug und Heilige Lieder sang. Dabei schlug er die Trommel so kraftvoll, daß die Hirsche im nahen Wald zu röhren anfingen. Es war ganz deutlich zu hören. Gleichzeitig fing es zu donnern an. Es war wie ein Konzert – Trommel und Gesang in Begleitung mit Donnergrollen und Hirschröhren. Archie erzählte in seinem Seminar, daß die Macht eines Medizinmannes schwer zu erklären ist. »Es ist leichter Macht zu spüren, als sie in Worte zu fassen«, sagt er in seinen Workshops.

»Das Wichtigste für einen Heiligen Mann ist die Familie«, sagt Archie. »Alle Medizinmänner sind verheiratet, sie haben viele Kinder und Enkelkinder. Aus der Familie schöpfen diese Männer ihre Kraft und Energie. Bei euch im Christentum ist das anders, da dürfen die Pfarrer nicht heiraten. Aber sie erteilen, wo immer es geht, den Müttern und Vätern weise Ratschläge. Wie können wir ihnen Glauben schenken? Erst wenn diese Männer heiraten und selbst eine Familie gründen, können wir wieder Vertrauen schöpfen. Erst wenn die Nonnen nicht nur Gottes Wort, sondern auch das Wort der Familie predigen, können wir auf ihre Worte bauen.«

Frank Fools Crow

Über Frank Fools Crow aus der Pine-Ridge-Reservation wurden viele Bücher geschrieben. Der Oglala-Lakota wurde über 100 Jahre alt, starb 1987. Thomas E. Mails, ein amerikanischer Geistlicher, begleitete Frank Fools Crow mehrere Jahre lang. In seinem Buch »Geheime Indianische Pfade« beschreibt er, wie der Heilige Mann einen krebskranken Lakota heilte.

Er, Fools Crow, habe, so schreibt Mails, am Rande eines Pow Wows von einem kranken Sioux-Freund gehört, der ihn sehen wollte. Frank Fools Crow sei zu dem Haus gegangen, begleitet von einer Schar Menschen. Der Heilige Mann habe, so Mails, in den langen Zöpfen seiner Perücke braune Hermelinfelle eingeflochten. Das hätte jeder der Anwesenden sehen und erkennen können. Der kranke Mann habe in seinem Schlafzimmer gelegen, bis zum Kinn mit einer Steppdecke zugedeckt. Wörtlich erzählt Mails: »Er hatte ein eingefallenes Gesicht, und seine eingesunkenen Augen blickten blitzschnell umher, als die Leute eintraten. Er sah aus wie jemand, der an Krebs im fortgeschrittenen Stadium litt.«

Mein Großvater kannte Frank Fools Crow, und es sind ihm auch ein paar Männer bekannt, die bei dieser Heilung anwesend waren. Weiter schreibt Mails, Fools Crow habe leise mit dem kranken Mann gesprochen. Der habe ihm berichtet, daß unter seiner Stirn ein Tumor sitze und er solle im Krankenhaus operiert werden. Er habe starke Schmerzen und große Angst vor der Operation. Ergreifend die nächste Szene: »Fools Crow fing zu singen an und begann zugleich, das braune Hermelinfell aus seinem rechten Zopf zu lösen, und er legte es flach auf den Tisch. Er streichelte es, während er weitersang, und es verwandelte sich in ein lebendiges Hermelin. Alle schauten ungläubig zu, als das Hermelin auf den Boden sprang und dann am Fußende des Bettes hinaufkletterte.«

Großvater erklärte mir, wie der Heilige Mann dem Stückchen Fell Leben einhauchen konnte: »Frank Fools Crow gab dem Hermelinfell ›ton‹. Das ist eine spirituelle Kraft, die das Fell wakan und damit lebendig macht. ›Ton‹ hat die Macht, übernatürliche Dinge zu tun. Die Energie des Universums befindet sich in diesem Augenblick in dem kleinen Hermelinfell, das für kurze Zeit zum Leben erweckt wird. Nicht der wicasa wakan macht es lebendig, es ist ›ton‹, die Macht, die kein weißer Wissenschaftler je zu ergründen vermag. Weiße Wissenschaftler halten sich für Götter, die oft über Leben und Tod entscheiden. Sie haben vergessen, daß es einen Schöpfer gibt, der viel mächtiger und weiser ist als die Menschheit. Darum haben eure Wissenschaftler keinen blassen Schimmer von ›ton‹. Nicht nur Menschen, sondern auch Tiere und Pflanzen können ›ton‹ besitzen.«

Weiter erzählt Mails, das Hermelin habe sich langsam den Körper des Mannes entlang hinaufgearbeitet, habe an seinem Gesicht geschnüffelt und sich dann an dem Punkt festgsaugt. Genau da, wo sich der Tumor befand. »Das Hermelin saugte mehrere Minuten lang kräftig an der Haut. Als es fertig war, entfernte sich das Tier vom Mann und kehrte zum Tisch zurück. Fools Crow sang, während er es streichelte. Es verwandelte sich wieder in ein Hermelinfell, und Fools Crow flocht es wieder in seinen Zopf ein.« Fools Crow habe dem Mann gesagt, daß er geheilt sei. Der habe sich zwei Tage später ins Krankenhaus begeben, wo er von seinem Arzt neue Röntgenaufnahmen verlangt habe. »Der Tumor war verschwunden«, schreibt Thomas E. Mails, »und der Arzt völlig verblüfft.«

Eine weitere Heilung von Frank Fools Crow beschreibt Thomas E. Mails ebenfalls in seinem Buch: »Ich persönlich habe zugesehen, wie Frank Fools Crow in einer vier Tage dauernden Heilung ein riesiges, dunkelrotes Muttermal aus dem Gesicht eines Mannes entfernte, wobei er nur ein Medizinkraut verwendete. Ich habe auch gesehen, wie er mitten in einem Sonnentanz innehielt und das ganz und gar verdrehte Bein eines neunjährigen Jungen geraderückte. Dieser war mit seinen Leiden geboren. Zwei Jahre später sah ich den Jungen mit seinen Freunden Korbball spielen.«[3])

Am Morgen nach der yuwipi-Zeremonie weckte mich Großvater wieder ganz früh. Wir bestiegen den Hügel, warteten auf die Sonne. Jetzt konnte ich die Lieder schon mitmurmeln. Ich habe Großvater nie gefragt, warum ausgerechnet ich es war, den er bei sich aufgenommen hat, obwohl mir die Frage immer auf der Zunge brannte. Großvater muß das wohl gespürt haben, denn eines Tages sagte er ganz beiläufig: »Ich schaue in die Herzen der Menschen, ich kann darin lesen wie in einem Buch. Ich weiß, wer es ehrlich meint, oder wer nur kommt, um mich auszufragen. Ich wußte, daß du kommen würdest, der Habicht hat es mir erzählt. Er sagte mir, daß ein Bruder auf dem Weg zu mir ist, ein weißer Bruder. Ich war sehr überrascht, denn ich halte von den Weißen nicht sehr viel. Ich betete und rauchte die Pfeife. Der Rauch sagte mir, daß es gut war.«

Das bebende Zelt

Großvater erzählte mir von einer Heilzeremonie der Cree-Indianer. »Sie nennen es die Zeremonie des ›Bebenden Zeltes‹. Sie ist unserer yuwipi-Zeremonie sehr ähnlich. Ich war mehrmals bei einer solchen Zeremonie anwesend. Mein Freund Hawk Feather hatte mich dazu eingeladen. Einmal sollte er eine alte Frau heilen, die schon sehr verwirrt war. Sie konnte nicht mehr gehen und kaum noch sprechen. Helfer von Hawk Feather errichteten auf einem Platz ein Zelt. Es bestand aus festen Weidenstangen und hatte die Form einer winzigen Schwitzhütte. Drinnen hatte nur ein Mann Platz. Das Zelt wurde mit Decken und Planen abgedunkelt. Familienangehörige trugen die kranke Frau vor das Zelt, die Zuschauer setzten sich im Kreis um die Hütte. Hawk Feather kroch nach einer Reinigung in die winzige Hütte. Er trug nur einen Lendenschurz, hatte zwei Rasseln bei sich. Wie bei unserer yuwipi-Zeremonie waren auch seine Rasseln mit sprechenden Steinen gefüllt. Hawk Feather hat seine Steine allerdings nicht von den

Ameisen, sondern von den Schlangen. Er ist ein Schlangenheiler.

Die Helfer fesselten Hawk Feather die Hände auf den Rücken, auch seine Füße wurden zusammengebunden. Dann wurde die Türklappe zugemacht. Jetzt saß er ganz alleine in der engen Hütte. Seine Helfer setzten sich in den Kreis der anderen und fingen an, die Trommeln zu schlagen. Die Zuschauer sangen heilige Lieder, ähnlich unserer heiligen Zeremonien-Lieder. Nach einiger Zeit drangen aus dem Zelt laute Geräusche. Es war ein Krachen und Schlagen, ein Heulen und Klappern. Hawk Feather hatte seine Hilfsgeister gerufen, und sie waren alle gekommen. Es mußten sehr viele gewesen sein, denn in dem kleinen Zelt ging es drunter und drüber. Obwohl die Weidenstangen tief im Boden verankert waren, bebte das ganze Zelt. Es schwankte wie wild hin und her. Hawk Feather fragte: ›Wer von euch kann die kranke Frau von ihrer Krankheit befreien?‹ Da trat die Schlange hervor und sagte: ›Das ist meine Aufgabe. Jemand hat ihr böses Wasser zu trinken gegeben, ich werde die üble Flüssigkeit aus ihrem Körper saugen.‹ Der Bär sagte: ›Wir werden uns die Frau einmal ansehen.‹ Dann kamen alle Geister in Form von Tieren aus dem Zelt heraus. Sie zwängten sich durch die Decke der Hütte – Bär, Hirsch, Biber sowie andere Vierbeiner und Geflügelte. Sämtliche Zuschauer konnten sie deutlich sehen. Allen voran eine riesengroße Schlange. Sie kroch auf die kranke Frau zu, die ängstlich ihre Augen geschlossen hatte. Die Schlange umzüngelte die Patientin, die anderen Tiere gingen mitten durch sie hindurch. Nach einiger Zeit gingen die Geister wieder zurück ins Zelt. Erneut waren laute Geräusche und Stimmen hörbar. Die Geister erzählten Hawk Feather, wie er die Frau zu behandeln habe. Dabei bebte das Zelt heftig. Sie sagten ihm, daß der Frau ein Stück Seele verloren gegangen war. Die Frau hatte starken Kummer erlitten, weil ihre

Tochter vergewaltigt und ermordet worden war. Hawk Feather mußte einen Geist suchen, der das verloren gegangene Stück Seele finden und zurückbringen konnte. Das muß ihm wohl gelungen sein, denn knapp eine Woche nach der Zeremonie sah ich die Frau schon wieder herumlaufen und lachen. Das Sprechen fiel ihr zwar noch schwer, aber ansonsten war sie gesund.«

Der Habicht kommt

Großvater und ich gingen jeden Tag spazieren. Er sagte, ich solle mir die Natur einprägen. Die Bäume, die Pflanzen, die Tiere, den Himmel, die Sonne. »Du mußt dir der Schöpfung jeden Tag bewußt werden. Du mußt dir bewußt werden, welch ein Wunder Wakan Tanka hier auf Erden erschaffen hat. Gewähre diesem Wunder Einlaß in dein Herz, zeige Dankbarkeit und Demut gegenüber dem Schöpfer.« Auf unserem Weg kamen wir immer an einer Felsgruppe vorbei. Es waren von Wind und Wetter ausgewaschene Steine. Einer hatte eine runde Kuppe, er sah aus wie ein riesiger Pilz. Ein anderer Stein glich dem Turm einer Kirche. Er war hoch und spitz, übersät mit vielen kleinen Löchern, in denen Vögel nisteten.

Großvater und ich setzten uns immer in eine Nische, hatten einen herrlichen Ausblick über die Prärie. Links neben der Felsgruppe erstreckte sich ein kleines Wäldchen, durch das sich ein Bach schlängelte. Es war einer der Plätze, an dem Großvater seine Kräuter sammelte. Kaum hatten wir in der Felsnische Platz genommen, lehnte sich Großvater an die Felswand, schloß die Augen und sang leise seine Heiligen Lieder. Das waren ganz geheime Melodien und Texte, die ihm die Geister zuflüsterten. Jedes einzelne Heilkraut hat sein eigenes Lied. Wenn er mit den Tieren spricht, dann singt er mit ihnen. Das muß an diesem Tag auch so gewesen sein. Der Gegenwart entrückt, breitete Großvater seine Hände aus, sang ein Lied, das ich nicht verstand. Nach einiger Zeit sagte er zu mir: »Bete zu Tunkashila und erbitte von ihm ein Zeichen. Es ist eine gute Zeit dafür.« Warum ausgerechnet jetzt? Und was für ein Zeichen? Die Antwort blieb mir Großvater wie immer schuldig. Ich setzte mich also hin, atmete tief durch und richtete meinen Blick gegen den Himmel.

»Spirit-Großvater,
hier sitze ich,
Gerhard aus Deutschland.
Ich danke dir,
daß du mich zu dem alten Herrn hier geführt hast.
Ich danke dir für alles,
was ich in den letzten Tagen mit ihm erleben durfte –
es war mehr als ich je erträumt hatte.
Spirit-Großvater, beschütze meinen Großvater
und alle Indianer in der Reservation.
Führe sie wieder auf ihre traditionellen Pfade
und bringe sie ab vom Alkohol.
Spirit-Großvater, beschütze meine Familie
und alle Menschen auf dieser Welt.
Sollten meine Gedanken und mein Herz
auf dem richtigen Weg sein,
dann schicke mir bitte ein Zeichen.
Mitakuye Oyasin.«

Abb. 3: Eine bizarre Felsgruppe mitten in der Prärie.
Hier sitzt Großvater und singt im Schatten der Steine Heilige Lieder, spricht mit den Tieren und Pflanzen.

Das Wort »Mitakuye Oyasin« ist Lakota und heißt – wie schon gesagt – »Alle meine Verwandten«. Damit beginnen und enden die meisten Zeremonien. Für alle Menschen auf dieser Welt und für alle Tiere, Pflanzen und Steine beten die Lakota. Denn auch sie sind unsere Verwandten, unsere Brüder und Schwestern. Mit Mitakuye Oyasin haben wir sie in unser Gebet mit eingeschlossen. Wenn ich einen Brief an Großvater schreibe, beende ich ihn mit Mitakuye Oyasin.

Nach meiner Bitte um ein Zeichen, lehnte ich mich zurück, schaute Großvater fragend an. Der lächelte und sagte: »Tunkashila wird dir den Habicht schicken, deinen Habicht.« Ich wartete gespannt. Es dauerte keine fünf Minuten, da hörten wir ein Pfeifen, und ein wunderschöner Habicht kam von links angeflogen. Vor unseren Augen zog er höher, drehte über unseren Köpfen ein paar Runden und verschwand dann in Richtung Wäldchen. Ich war völlig platt. War das reiner Zufall? Großvater wußte wieder genau, was ich dachte. Er sagte: »Alles im Leben hat seine Bestimmung und seinen Sinn. Du hast Tunkashila um ein Zeichen gebeten, er hat dir den Habicht geschickt. Du hast gerufen und Tunkashila gab dem Vogel den Auftrag, deinem Ruf zu folgen. Aber es war dein Wille, deine Energie und deine Kraft, die den Habicht anlockten. Er verstand in diesem Augenblick deine Worte. Du siehst, der Mensch kann große Dinge vollbringen, wenn sein Vertrauen in Geist-Großvater unerschütterlich ist. Jeder Mensch ist in der Lage, sein Schicksal positiv zu beeinflussen und zu meistern.«

Dem Körper danken

»Du bist der Kern, umhüllt von Energie aus dem Universum. Du mußt nur dafür sorgen, daß der Kern nicht zu faulen beginnt. Wenn du viel Alkohol trinkst oder Drogen nimmst, dann setzt du diesen Fäulnisprozeß in Gang.

Dein Körper wird anfällig für Krankheiten. Beten stärkt das Immunsystem und die Abwehrkräfte. Die Hülle, die dich umgibt, ist dann fest und stabil. Streß, Viren, Krankheitserreger und böse Geister prallen an diesem Schutzschild ab. Sie können dir nichts anhaben. Je fauler aber der Kern ist, desto dünner die Hülle, die ihn umgibt. Der Mensch wird anfällig für Krebs, Magengeschwüre und viele andere Krankheiten. Dankbarkeit und Demut sind der Schlüssel für ein langes und gesundes Leben. Geld und Macht sind nicht wichtig. Sie sind Zeichen der Schwäche und des schleichenden Untergangs. Halte deinen Körper und deinen Geist vital, und du wirst 100 Jahre alt und als glücklicher Mensch die Reise in das Land der vielen Zelte antreten.«

»Wann hast du das letzte Mal deinem Herzen dafür gedankt, daß es jeden Tag für dich schlägt und dich am Leben erhält?« Ich schaute Großvater an, sagte: »Eigentlich noch nie.« »Du mußt auch deinem Körper gegenüber Dankbarkeit und Demut zeigen. Nichts ist selbstverständlich im Leben. Auch nicht, daß unser Herz Stunde um Stunde schlägt, wie ein Motor, dem niemals der Sprit ausgeht. Es ist wie mit der Sonne, die jeden Tag aufgeht und die Erde mit ihrer Wärme und ihrem Licht speist. Das Herz ist die Sonne in unserem Körper. Wenn es aufhört zu schlagen, sind wir tot. Viele Menschen entdecken ihr Herz erst, wenn es schon zu spät ist – nach einem Schwächeanfall oder einem Herzinfarkt. Dann spüren sie ihr Herz plötzlich – oft zum ersten Mal. Das muß nicht sein. So wie du das Wunder der Natur jeden Tag aufs neue erleben sollst, so spüre dein Herz jeden Tag aufs neue. Setze dich nieder, fühle wie dein Herz schlägt, wie es das Blut durch deinen Körper pumpt. Versuche dich auf die Schwingung deines Herzen einzustellen, sprich mit ihm. Sag: ›Mein Herz, ich danke dir dafür, daß du mich am Leben erhälst. Ich danke dir, daß du unermütlich schlägst, auch wenn ich nicht immer auf dich achte‹. Es ist wie ein kleines, kurzes, aber kraftvolles Gebet. Du weißt, Gebete stärken das Immunsystem, auch das des Herzens.«

»Ihr Weißen liebt das Auto mehr als euren Körper. Ihr hegt und pflegt diese Blechbeulen und wehe, da ist ein Kratzer im Lack. Ihr pumpt ständig Luft in die Reifen, wechselt das Öl alle paar Meilen und habt sogar Kosenamen für diese Giftschleudern. Aber an euren Körper denkt ihr nicht. Ihr werdet fett und unbeweglich, bürdet dadurch eurem Herzen noch mehr Arbeit auf. Wann hast du dich das letzte Mal bei deinen Augen bedankt, daß sie dich sehen lassen? Oder denke an deine Nieren, die dir die Gifte aus dem Körper waschen. Wenn sie ihre Arbeit einstellen, wirst du ganz gelb am Körper und stirbst eines Tages. Stell dir vor, du arbeitest hart Tag für Tag und es ist keiner da, der sich ab und zu bei dir bedankt. Erst wird deine Seele krank, dann dein Körper. Und so ist es auch mit deinen Organen. Sie werden krank, wenn du dich nicht um sie kümmerst und ein nettes Wort für sie übrig hast. Das klingt doch einleuchtend, oder?«

Himmel und Erde

Großvater und die Ameisen

Oft führte unser Weg auch zu dem kleinen Wäldchen, in dem Kräuter und Pilze wachsen. Großvater hatte schon einen schmalen Pfad ausgetreten, er kannte jeden Baum und jede Pflanze, er konnte jeden Vogel im Flug bestimmen, auch wenn er noch so hoch am Himmel flog. Großvater ist ein Mann, der mit Tieren und Pflanzen spricht. Jeden Tag kamen wir an einem großen Ameisenhaufen vorbei. Millionen von Ameisen krabbelten auf dem Waldboden. Eine Straße führte vom Haufen in den Wald, eine andere Straße führte zurück. Großvater erzählte bereits, daß die Ameisen seine Freunde sind. Sie bringen ihm die heiligen Steine für seine Rasseln, die er für die yuwipi-Zeremonie benötigt, die Steine, durch die die Geister mit ihm sprechen. »Paß auf«, sagte Großvater. Er kniete sich auf die Erde, hielt sein Gesicht ganz dicht über den Tieren. Dann richtete er sich wieder auf, legte seinen rechten Zeigefinger auf die Straße, die vom Ameisenhaufen weg führte. Kaum hatte der Finger den Boden berührt, machten die Ameisen auf der Stelle kehrt und maschierten zum Haufen zurück. Wie auf Kommando wechselten sie die Richtung. Auf der anderen Seite genau das gleiche. Die Ameisen kamen aus dem Wald zurück, schwer beladen mit kleinen Steinchen und toten Kleintieren. Großvater legte seinen rechten Zeigefinger auf den moosbedeckten Waldboden, und schon machten die Tiere auf der Stelle kehrt, maschierten in die Richtung zurück, aus der sie gerade gekommen waren. Es gab dabei keine Panik, kein wildes Durcheinander. Sie drehten einfach um, als ob das die natürlichste Sache der Welt wäre. Einmal stellte sich Großvater mit beiden Füßen quer über die Ameisenstraßen. Ganz vorsichtig, damit er kein Tier zertrat. Normalerweise krabbeln die Ameisen über das Hindernis hinweg, nicht so bei Großvater. Die Tiere umrundeten die Mokassins, vorne wie hinten. Nicht eine kam auf die Idee, die Abkürzung über die Schuhe zu nehmen. Wie Großvater das machte, blieb sein Geheimnis. Er lachte nur, als ich es auch versuchen wollte. Ich stellte mich wie er mitten auf die Ameisenstraße. Ich konnte noch so intensiv versuchen mit den Tieren in Kontakt zu treten – innerhalb weniger Sekunden waren meine Schuhe voll von Ameisen. Sie krabbelten erst über die Schuhe, dann sogar meine Hosenbeine hoch. Ich mußte den Versuch schnell aufgeben, sonst wäre ich von ihnen zerbissen worden.

Großvater ist in der Lage, sich innerhalb von Sekunden auf eine andere Bewußtseins-Ebene zu begeben. Dort kommuniziert er mit den Tieren und Pflanzen. Daß sie ihm aber auch noch gehorchen, das mag verstehen wer will – ebenso die Geschichte mit dem Regenwurm: Großvater ließ den Wurm über seinen Unterarm schlängeln. Dann streichelte er den Wurm mit dem rechten Zeigefinger, immer auf und ab. Plötzlich blieb der Wurm regungslos liegen, ganz steif, wie festgefroren. Er »taute« erst wieder auf, als Großvater seinen Finger wegnahm. Der alte Indianer wollte mir dadurch nicht seine Macht demonstrieren. Er wollte mir nur zeigen, wozu der Mensch fähig ist, wenn er seine spirituellen Kräfte lenken kann.

Ein Bussard tanzt

Einmal flog ein Bussard über die Baumwipfel. Ganz ruhig zog er seine Kreise. Großvater gab plötzlich eigenartige Geräusche von sich, es klang wie pfeifen. Dabei streckte er seine Arme seitlich aus und schlug, als hätte er Flügel, damit auf und ab. Das Pfeifen ging in ein hohes Singen über. Ich beobachtete den Bussard, der plötzlich ganz hektisch mit den Flügeln zu schlagen begann. So, als wollten sie ihm nicht mehr gehorchen. Er trieb immer näher auf uns zu, bis er schließlich auf einem umgestürzten Baum landete. Ganz ruhig fixierten seine Augen Großvater, der noch immer sang und mit schwankenden Armen auf und ab lief. Dann ging Großvater auf den Raubvogel zu, streckte ihm seinen Kopf hin. So, als wolle er dem Bussard sagen: »Hacke mir doch ein Stück meiner Nase ab.« Der Vogel schrie, wich ängstlich zurück, flatterte auf dem Baum ein Stockwerk höher und fing dann furchtbar zu schimpfen an. Großvater tanzte unter dem Vogel, lachte und sang. Dann fing auch der Raubvogel zu tanzen an. Er drehte sich im Kreis, schlug mit den Flügeln, kreischte, hüpfte auf und ab. Es sah so aus, als ob er völlig betrunken wäre. Dann wurde Großvater ganz still. Er verbeugte sich vor dem Bussard, sprach ein Gebet. Der Vogel breitete seine Flügel aus und flog wieder los. Großvater lachte schallend und schlug sich dabei auf die Schenkel. »Ich habe dem Bussard gesagt, er sei eine Ente, und er hat es geglaubt.«

Wie so oft, hatte mich Großvater auch diesmal völlig irritiert. Mir schienen diese Dinge heilig und ernst, er aber lachte nur. Mit dieser Haltung kam ich zunächst überhaupt nicht klar. Großvater lachte auch während einer Heilzeremonie oder während er betete. Ich sprach ihn darauf an, und er sagte: »Ihr Weißen habt den Sinn des Lachens verlernt. Ihr lacht nur bei ganz gewissen Anlässen, wenn es sich schickt zu lachen. Bei uns gehört das Lachen zum Leben. Humor und Ehrfurcht sind ein Teil unserer Religion. Lachen ist die Balance zur Ernsthaftigkeit. Alle Indianer haben ihre Clowns. Bei den Lakota heißen sie Heyokas. Es sind Männer, die alles verkehrt herum machen. Im Sommer tragen sie dicke Bisonfelle, im Winter tragen sie nur einen Lendenschurz und schlafen auf dem nackten Boden. Wenn der Schneesturm um die Tipis heult, ist dem Heyoka so heiß, daß er sich splitternackt in den Schnee legt, um sich abzukühlen. Diese Heyokas sind bei allen heiligen Zeremonien dabei, bringen Teilnehmer und Zuschauer mit ihren Späßen zum Lachen. Wenn sie sagen, ich werde nie für dich beten, heißt das: ›Ich werde immer für dich beten‹. Sie sitzen rückwärts auf dem Pferd, gleichzeitig sind Heyokas aber Heilige Männer mit starken Kräften. Sie holen mit ihren bloßen Händen Fleischstücke aus kochendem Wasser, ohne sich zu verbrennen. Sie können verlorene Gegenstände wiederfinden und trübe Augen wieder klar machen.

Eure Kirche täte gut daran, von uns zu lernen. Sie sollte in ihren Gottesdiensten am Sonntag neben der Ehrfurcht auch den Humor predigen. Stell dir vor, wenn während eines Gottesdienstes ein Clown in die Kirche kommt und die Leute mit seinen Späßen zum Lachen bringt, während der Pfarrer auf der Kanzel Gottes Wort predigt. Er würde die Polizei rufen und den lustigen Mann in eine Irrenanstalt einliefern lassen. Jetzt weißt du, warum ich nicht in eure Kirche gehe. Weil die Menschen darin nicht lachen dürfen.«

Ein Käfer und der Regen

Heyokas, so sagt man, können auch das Wetter beeinflussen. Wenn das stimmt, dann muß auch Großater ein Heyoka gewesen sein. Denn er kann es regnen lassen. Ich habe es mit eigenen Augen gesehen.

Wir saßen wieder einmal in unserer Felsnische. Es war ein herrlicher Tag, der Himmel hatte eine tiefblaue Farbe, und es war weit und breit keine Wolke zu sehen. Großvater spielte mit einem kleinen Käfer. Er schimmerte violett und rot. Großvater hatte ihn auf seine Handfläche gelegt, begann mit ihm zu sprechen. Da fing der Käfer zu tanzen an. Hin und her, die Handfläche rauf und runter. Immer in einem ganz bestimmten Rhythmus. Nach einiger Zeit tanzte er den linken Zeigefinger hoch, bis er an der Kuppe ankam. Großvater stellte den Finger senkrecht, der Käfer drehte sich oben auf der Kuppe im Kreis. Dann blieb er mit einem Ruck stehen. Großvater fing wieder zu singen an, in sehr hohen und schrillen Kehlkopftönen. Der Käfer saß nach wie vor ganz ruhig auf der Fingerkuppe. Dann berührte ihn Großvater mit dem rechten Zeigefinger. In diesem Augenblick fing es über uns zu donnern und zu blitzen an, obwohl keine einzige dunkle Wolke am Himmel zu sehen war. Zwei bis drei Minuten später regnete es in einem Umkreis von vielleicht 20 bis 30 Metern. Der Schauer dauerte nur wenige Sekunden, aber er genügte, daß ich bis auf die Haut naß wurde.

Es gibt auf der ganzen Welt sicher nur noch ganz wenige Heilige Männer, die in der Lage sind, solche Dinge passieren zu lassen. Großvater ist einer von ihnen. Ich bin der festen Überzeugung, daß es diese Heiligen Männer sind, die unsere Erde noch in Balance halten. Wenn sie eines Tages nicht mehr leben, wird das Chaos die Erde regieren. Und diese Zeit ist nicht mehr weit. Großvater erklärte mir seine Kräfte so: »Nicht ich kann all diese Dinge tun, sie kommen von Wakan Tanka. Es sind die Energien und Kräfte aus der äußeren Welt, ich bin nur ihr Werkzeug. Darum muß ich mich ihren Gesetzen beugen. Stifte ich damit Unheil oder benutze die Kräfte, um mich zu bereichern, bin ich dem Zorn der Götter ausgeliefert. Die positiven Energien kehren sich um. Ich werde so krank wie die Leute, die zu mir kommen und Heilung erwarten. Natürlich gibt es auch unter uns böse Zauberer, die ihre

Mächte und Kräfte mißbrauchen. Ihr Weißen würdet sie Hexer nennen. So ein Hexer kann Krankheiten hervorrufen und die Menschen verrückt machen. Ich kenne einen solchen Hexer, der eine jungen Frau liebte. Sie aber wollte von ihm nichts wissen. Mit seinen magischen Steinen lockte er die Seele der jungen Frau aus ihrem Körper, versteckte sie in der Unterwelt. Das Mädchen wurde geistig verwirrt. Sie sprach nur noch wirres Zeug. Eines Tages ging sie sogar mit einem Messer auf ihre Mutter los. Die Polizei kam, nahm sie mit. Ein Arzt steckte die junge Frau in ein Krankenhaus, wo sie immer wieder mit ihrem Kopf gegen die Wand schlug. Der wapija, so nennen wir den Hexer, ging zu den Eltern des Mädchens. Er verlangte 5000 Dollar für die Heilung. In ihrer Verzweiflung gaben die Eltern ihm das Geld. Er holte die Seele aus der Unterwelt zurück, das Mädchen wurde wieder gesund. Wenige Tage später verbrannte die Schwester des wapija in ihrer Hütte. Ein Blitz hatte sie in Brand gesetzt.« Großvater sagt, daß Leute, die heilige Dinge in den Schmutz ziehen oder sie mißbrauchen, von den Spirits bestraft werden. Meist sind es enge Familienangehörige, die schwer krank werden oder gar sterben.

Heilen mit glühenden Kohlen

Großvater heilt auf ganz verschiedene Art und Weise. Einmal kam ein älterer Mann zu ihm. Er hinkte auf dem rechten Bein, seine Gelenke am Knie und an den Knöcheln waren geschwollen. Außerdem hatte er mehrere Eiterfurunkel an den Waden. Großvater bat den Mann in seine Hütte. Er mußte sich auf eine Decke legen, die Großvater auf dem Boden ausgebreitet hatte. Großvater holte Salbei und einen Adlerfeder-Flügel aus seinem Schlafzimmer. Dieser Fächer war besonders groß und schön. Die einzelnen Federn waren schwarz, nur ganz zart sah man leichte Schattierungen. Großvater strich mit dem Flügel siebenmal über den halbnackten Körper des kranken Mannes. Dazu sang und betete er.

Hokschila tschea i-a jaje
Taku waka wanitsche

Hokschila tschea i-a jaje
Wanbli gleshka wa
Ekt-sche wetscha schake
Tschechpi komo jankelo
Hokschila tschea i-a jaje
Taku waka wanitsche
Haeo

Mein Sohn geh weiter und weine.
Mein Sohn geh weiter und weine.
Aber verbinde dich.

Du bist ein Mann, mein Sohn.
Verbinde dich mit dem Adler.
So wie der Adler sich verbindet mit der Erde.
Verbinde dich.
Denn nichts, was du machst, ist heilig.
Nur was Gott erschafft, ist heilig.

Dann nahm er aus dem Ofen zwei heiße, glühende Kohlen, schloß je eine in seine Fäuste. Er drückte die Kohlen ganz fest. Dann kniete er sich auf den Boden, sein Blick war gegen die Decke gerichtet. Er sang wieder ein Lied, aktivierte damit die Heilkräfte der Kohlen. Nach einigen Minuten öffnete Großvater seine Hände. Die Kohlen waren schwarz und ausgekühlt, sie glühten nicht mehr. Dafür hatten seine Hände eine rotgelbliche Färbung angenommen. Es war, als ob die Hitze in seine Hände übergegangen wäre. Er legte jetzt seine Hände auf die geschwollenen Stellen des Mannes, ebenso auf die Eiterfurunkel. Der Mann schrie vor Schmerzen. Er versuchte sich zu winden, aber Großvater hielt ihn fest. Dann holte er eine braune Brühe aus dem Schrank. Er tauchte eine getrocknete Pflanze darin ein, bestrich damit die behandelten Stellen. Nach etwa einer halben Stunde durfte der Mann nach Hause gehen. »Komme in drei Tagen wieder«, sagte Großvater. Nach drei Tagen kam der Mann forschen Schrittes zur Tür herein. Er humpelte nicht mehr. Er mußte die Hose ausziehen. Großvater untersuchte ihn. Die Geschwülste und die Eiterbeulen waren verschwunden. Weg, einfach nicht mehr da. Der Mann gab Großvater zwei Dosen Bohnen und ein Päckchen Kaffee und Tabak. Großvater gab dem Mann noch einen kleinen Lederbeutel mit einer speziellen Kräutermischung. Soweit ich verstanden hatte, waren es Stechapfel, Sticky Heads (das muß eine Art Gummipflanze sein) und andere Kräuter, die Großvater nicht näher erläuterte. Aus diesen Kräutern sollte sich der Mann siebenmal am Tag einen Tee kochen und schluckweise trinken. Großvater sagt, man sollte einen Kräutertee immer nur schluckweise trinken, nie einen halben Becher auf einmal, auch wenn der Tee ausgekühlt ist. »Die Wirkstoffe der Kräuter suchen sich den schnellsten Weg ins Blut. Kleine Energiestöße sind da viel effektiver, eine zu hohe Dosis verpufft.«

Eine Krankheit aussaugen

Ein Erlebnis mit Großvater hat mich tief berührt, vielleicht mehr, als die anderen wunderschönen Stunden und Tage, die ich mit diesem Mann verbringen durfte. Eines Tages kam eine ältere Frau mit ihrer Enkeltochter vorbei. Lynn war 16 Jahre alt, ihr linker Arm war dick einbandagiert. Die alte Frau und Großvater sprachen Lakota, und ich verstand kein einziges Wort. Später erzählte mir Großvater, daß das Mädchen von einer Spinne gebissen worden war. Drei Tage später wurde die Haut ganz rot, dann entzündete sich die Wunde. Ihre Mutter brachte Marita zum Arzt. Der verschrieb ihr Tabletten und eine chemische Heilsalbe. Aber es wurde immer schlimmer. Die Wunde wässerte und eiterte stark, Marita hatte große Schmerzen. Der Arzt war mit seiner Heilkunst wohl am Ende, er wollte sie ins Krankenhaus überweisen. Aber die alte Frau kam lieber zu Großvater, obwohl Marita das gar nicht wollte. Sie hielt nicht sehr viel von alten Medizinmännern.

Großvater nahm den Verband ab und schaute sich die Wunde genau an. Das Mädchen mußte sich auf einen Stuhl setzen. Großvater stellte Wasser auf den Herd, mich schickte er mit dem Wagen zu Charly. Ich sollte ein Stück Bisonfleisch kaufen und mitbringen. Ich dachte erst, Großvater will ein Essen zubereiten oder den Geistern ein Fleischopfer darbringen. Als ich wieder zurück war, legte er das Stück Fleisch in eine Schüssel. Aus seinem Schlafzimmer hatte er inzwischen seinen Adlerflügel geholt, dazu Salbei und andere Kräuter. Ich sollte ihm die Pfeife anzünden. Ich war ziemlich aufgeregt, mußte oft und lange am Mundstück ziehen, bis der Tabak einigermaßen glimmte. Großvater nahm die Pfeife, rauchte sie ganz in Ruhe, wie bei einem Kaffeekränzchen. Dann blies er den Rauch in die vier Himmelsrichtungen.

Kola hoa jenkta tsche
Nama cha jejojo heje-e

Wioch pea ta
tronkawa sapatscha
A hetowa helo heje-e
Kola hoa ...

Wa zea ta
tronkawa lutatscha
A hetowa helo heje-e
Kola hoa ...

Ito kacha ta
tronkawa skatscha
A hetowa helo heje-e
Kola hoa ...

Tratranka wa
Wanbli gleshka wa
Kola wa jelojo heje-e
Kola hoa ...

Maka ta
Wahi he-awa
Kola wa jelojo heje-e

Kola hoa jenkta tsche
Nama cha jejojo heje-e

Großvater Freund.
Ich sende meine Stimme in Verzweiflung,
höre mich.

Im Westen, wo die Sonne untergeht,
schaut ein schwarzer Großvaterstein zu uns.

Im Norden schaut ein großer Spirit-Stein zu uns.

Im Osten, wo die Sonne aufgeht,
schaut ein brauner Großvaterstein zu uns.

Im Süden scheint ein weißer Spirit-Stein zu uns.

Über uns schaut ein gefleckter Adler auf uns herab.
Auf der Erde ist ein Maulwurf mein Freund.

Großvater, Freund.
Ich sende meine Stimme in Verzweiflung,
höre mich.

Dann kniete sich Großvater nieder und saugte an der Wunde des Mädchens. Wenn er kurz von ihr abließ, schrie er ein Gebet zum Himmel. Nach ein paar Minuten drehte er sich um, erbrach sich in die Schüssel mit Wasser. Es war eine orangefarbene Flüssigkeit, die aus seinem Mund kam. Dieses Ritual wiederholte er insgesamt sieben Mal. Als er mit dem Erbrechen fertig war, nahm Großvater den Fächer, strich damit mehmals über den ganzen Körper des Mädchens. Dann legte er den Fächer auf die ausgesaugte Wunde, schüttelte anschließend die Federn über dem rohen Bisonfleisch aus – ebenfalls sieben Mal. Großvater stand auf, sprach ein paar kurze Sätze mit der Großmutter des Mädchens und ging vor die Tür nach draußen. Er zog die frische Luft tief durch die Nase ein,

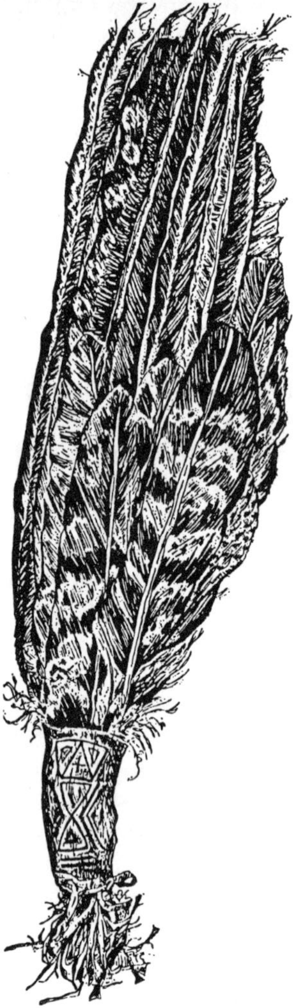

Abb. 4: Ein Fächer aus Adlerfedern. Großvater benutzt ihn für Heil-Zeremonien. Er streicht damit über die kranken Stellen des Patienten, zieht die negativen Energien heraus.

setzte sich auf die Holztreppe. Ich mußte ihm noch einmal die Pfeife stopfen und anzünden. Die alte Frau und das Mädchen verabschiedeten sich und gingen. Nachdem Großvater die Pfeife geraucht hatte, trug er die Schüssel mit dem Erbrochenen und die Schüssel mit dem Fleisch nach draußen. Er entzündete ein Feuer und verbrannte das Fleisch. Gleich daneben hob er mit einer Schaufel eine kleine Grube aus, schüttete dort das Erbrochene hinein. Später legte er das verbrannte Fleisch dazu. Ich schaufelte Erde darüber, stampfte mit den Füßen den Boden fest. Großvater zeichnete mit einem Stock einen Kreis auf die Erde, steckte in die Mitte eine Adlerfeder. Am nächsten Tag war sie verschwunden.

Heiler sind ungebildet

»Heiler sind gewöhnlich ungebildet – im Rahmen dessen, was man heute unter Bildung versteht. Aber sie können eine Pflanze anschauen und sagen: Ich kenne ihren Namen nicht, ich weiß nicht, wie ihr sie nennen würdet, aber sie ist für das und das gut. Nehmt etwa den Gebärmutterkrebs. In zwei Fällen mag es die Seerosenwurzel sein, im nächsten etwas völlig anderes. Wir sind alle Individuen, und in jedem von uns gibt es kleine Unterschiede. Was eine Person krank macht, mag die andere heilen. Pflanzen haben Vibrationen, sie geben Laute von sich, haben Gefühle. Wenn es keine Pflanzen gäbe, wären wir nicht hier. Wir atmen ein, was sie ausatmen. Das teilt sich uns mit. Jede Landschaft übt auf Menschen einen anderen Einfluß aus. So fühlt man sich in einem Wald anders als sonstwo. Du schreitest durch den gigantischen Redwood-Wald und spürst, wie der Friede in dir einkehrt. Diese Redwoods verursachen wenig Störung. Sie bekämpfen sich nicht. Sie sind nicht aggressiv. Die kleinen Pflanzen können sich kaum zur Wehr setzen, aber das heißt nicht, daß sie nicht aufschreien. Bringe einen Detektor an einen Tomatenstrauch an. Dann brülle einmal laut auf den Strauch ein. Die Pflanze schreit auf – man kann es sehr deutlich am Ausschlag des Detektors sehen. Pflanzen haben Gefühle. Eine elementare Voraussetzung für einen Heiler ist, daß sie für das Lebendige höchste Achtung haben. Ich sammle Kräuter nur während der Tageszeit und ich biete ihnen immer ein Geschenk an. Man muß sich für alles erkenntlich und dankbar erweisen – auf die eine oder andere Art. Der einfachste Weg, die richtigen Kräuter zu finden, die man gerade benötigt, ist, – zu sprechen. Man geht nicht hin, tippt an seinen Hut und sagt: ›Hi, Herr Baum oder Frau Baum – das nehmen sie dir sehr übel. Geh still und ruhig zu einer Kräuterpflanze, setz dich auf den Boden und sprich zu ihr. Aber fahre fort damit – und glaube mir, du wirst Antwort erhalten.‹«

Keetoowah, Cherokee-Heiler.[4])

Der Bär

Zu vielen Heiligen Männern kam die Macht schon sehr früh. Meist im Kindesalter von acht bis zwölf Jahren. Vögel oder andere Tiere erschienen ihnen im Schlaf oder tagsüber als Vision. Die Tiere sprachen zu den Kindern, erzählten ihnen von ihrer Verpflichtung, später als Heiler zu arbeiten. Diese Kinder galten als wakan, als heilige Kinder. Erwachsene Tierträumer oder Medizinmänner nahmen sich der Kinder an, bereiteten sie langsam auf ihre späteren Aufgaben vor. So war es auch bei Großvater. Er erzählt: »Ich war zehn Jahre alt, als ich mit meiner Familie in den Bergen von Montana im Sommercamp lebte. Mehrere Familien hatten dort ihre Tipis aufgeschlagen. Für uns Kinder waren die Wälder und Berge ein Spielparadies. Ich streifte jeden Tag durch das Dickicht, beobachtete all die vielen fremden Tiere, die ich noch nie zuvor gesehen hatte. Eines Tages sprang ein mächtiger Grizzly-Bär vor mir aus dem Gebüsch. Es war ein riesiges Tier. Es war so nahe vor mir, daß ich seinen Atem riechen konnte. Der Bär stand auf den Hinterbeinen, streckte seinen mächtigen Körper in die Höhe. Er brüllte, daß die Bäume erzitterten. Dabei schlug er mit seinen Vordertatzen nach mir. Ich war wie gelähmt vor Angst, getraute mich nicht wegzulaufen.

Der Bär wurde ruhiger, beäugte mich von oben bis unten. Dann huschte ein Lächeln über sein Gesicht. Er lachte wie ein Mensch, der eben einen schlechten Witz gehört hat. Der Bär fiel auf seine Vordertatzen, wir standen uns jetzt Auge in Auge gegenüber. Das braune Zotteltier kam näher, beschnupperte mich am ganzen Körper. Dann leckte er mit seiner rauhen Zunge über meine Hände. Er schubste mich zärtlich, trottete davon. Ich blieb wie angewurzelt stehen. Der Bär schaute sich um, kam zurück, gab mir noch einen Schubs. Ich sollte ihm wohl folgen. Vorsichtig ging ich hinter dem Bär her. Er guckte sich immer wieder nach mir um, trottete dann weiter. Wir kamen zu einer kleinen Lichtung, wo der Bär anfing etwas auszugraben. Ich ging näher an ihn heran und plötzlich war der Bär verschwunden, wie vom Erdboden verschluckt. Vor mir auf dem Boden lag eine aus dem Waldboden ausgegrabene Pflanze, daneben eine Bären-Kralle. Ich hob beides auf, suchte nach dem Bären, aber der blieb verschwunden. Ich ging zurück ins Lager, erzählte die Geschichte meinem Großvater, zeigte ihm die Pflanze und die Kralle. Mein Großvater war ein bei meinem Volk bedeutender Medizinmann. Es gab keine Krankheit, die er nicht heilen konnte. Er schaute sich die Pflanze und die Kralle genau an, legte sie in sein Tipi und meinte, wir wollen abends darüber sprechen.«

Ob Vision oder Wirklichkeit – der Bär hat Großvater seine Macht und Stärke übertragen. Großvater ist ein Bärenheiler. Medizinmänner mit der Kraft des Bären, haben ganz besondere Heilfähigkeiten. Bären wissen alles über Heilkräuter. Die Pflanze, die der Bär in den Bergen von Montana für Großvater ausgrub, war eine Schafgarbe. Sie wurde Großvaters Basismedizin. Aus der Schafgarbe bereitet er Tee zu, stellt ätherische Öle und die verschiedensten Tinkturen her. »Die Schafgarbe hat die Kraft der Frau«, erzählte mir Großvater. »Darum ist sie gerade für uns Männer so wichtig. Durch die Schafgarbe werden wir mit weiblicher Energie geheilt. Diese weibliche Energie heilt nicht nur, sie macht uns Männer auch weicher und sensibler. Ich gebe einem Mann, der schlecht über Frauen spricht oder sie gar schlägt, Schafgarbentee zu trinken. Die weibliche Energie der Pflanze beruhigt ihn.« Großvater verwendet die Schafgarbe auch bei offenen, blutenden Wunden. Die Blätter werden zuvor in einer speziellen Tinktur gebadet, dann auf die offene Wunde gelegt und verbunden. Großvater sagt, daß die Schafgarbe, richtig angewendet, alle Entzündungen im Körper absaugt, besonders im Magen-und Darmbereich. Sie hilft auch bei Zahn- und Kopfschmerzen. Großvater vermischt und mixt die Schafgarbe mit unzähligen anderen Kräutern und Pflanzen. Jede zusammengemixte Tinktur heilt eine andere Krankheit. In der Küche hängen an der Wand viele kleine Lederbeutel, wie kleine Glocken. In jedem Beutel ist eine andere Kräutermischung. Aber nicht nur die Schafgarbe wird von Großvater genutzt, auch die Bärenkralle.

Abb. 5: Ein riesiger Grizzly-Bär übertrug Großvater, als dieser noch ein Junge war, seine Kräfte. Für die Lakota ist der Bär halb Mensch, halb Tier.

Er trägt sie ständig an einem Lederband um seinen Hals, zusammen mit kleinen Lederbeutelchen. Dort bewahrt er Haare, ein getrocknetes Ohr und andere Teile eines Bären auf. Die Kralle ist kein Schmuck, sondern sein stärkstes Heilinstrument. Bei verschiedenen Zeremonien drückt Großvater die Kralle in das Fleisch seines Patienten. »Damit zieht die Medizin schneller in den Körper ein«, erklärte er mir. Mit der Kralle lokalisiert Großvater auch Krankheiten, die von außen nicht zu erkennen sind.

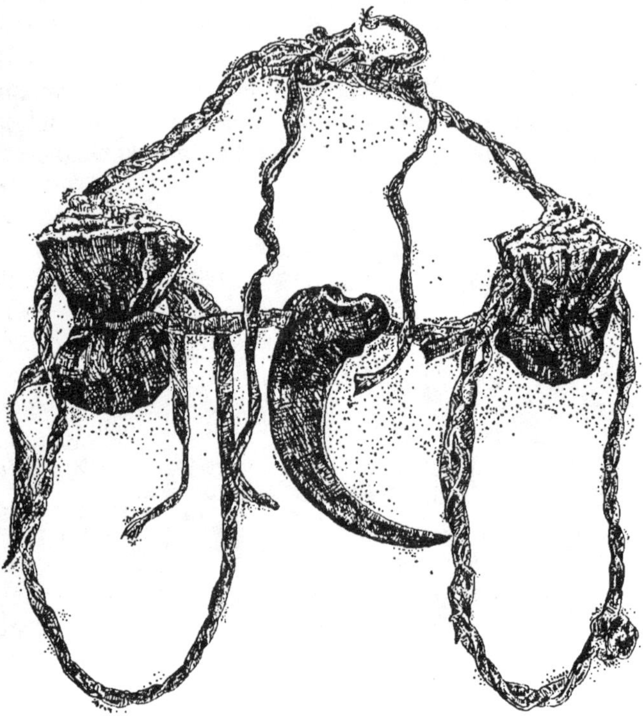

Abb. 6: Mit einer Bärenkralle, die Großvater an einem Lederband um den Hals trägt, lokalisiert er die Krankheiten seiner Patienten.

Er tastet dabei mit ihr den gesamten Körper ab, pikst ab und an mit der Spitze in die Haut, einer Akkupunktur-Behandlung ähnlich. Dabei singt er das Lied von Mato, dem Bären. »Mit dem Lied rufe ich den Bären an«, erklärte mir Großvater. »Wenn dann das Tier vor meinen Augen erscheint, weiß ich, daß der Patient gesund wird. Der Bär leitet seine Heilkräfte durch mich in die Bärenkralle, sie gelangt dann auf diese Weise in den Patienten. Der Bär hilft mir auch, eine kranke Stelle ausfindig zu machen. Er leitet den Schmerz des Patienten durch die Bärenkralle in meinen Körper. Habe ich die richtige Stelle mit der Kralle ertastet, fährt mir der Schmerz in die Glieder. Ich empfinde in diesem Augenblick dieselben Schmerzen wie die kranke Person vor mir. Das ist für mich dann das sichere Zeichen, daß ich auf dem richtigen Weg bin.« Solange er noch sucht, reinigt Großvater die Bärenkralle immer wieder, indem er sie über den würzigen Rauch von glimmendem Süßgras zieht.

Großvaters Heilmethoden sind vielseitig. Wann und warum er die eine oder die andere Heilmethode anwendet, das bleibt sein Geheimnis. Der Bär, die heißen Steine in der Schwitzhütte, der Adler, die Krähe, die Geister – sie alle sprechen zu ihm und sagen, welche Heilung er anwenden muß, um den Patienten gesund zu machen. »Ich bin es nicht, der heilt, es sind die Kräfte der äußeren Welt, es sind die Kräfte des Universums, es ist Wakan Tanka, der mich führt. Würde ich mir einbilden oder dir erzählen, daß ich es bin, der heilt, wäre ich vielleicht schon morgen ein toter Mann, oder ich könnte nicht einmal mehr eine Maus kurieren. Meine Kräfte würden schwinden wie der Schnee in der Sonne.«

Die Krähe

Das zweite Tier, das in Großvaters Leben eine große Rolle spielt, ist die Krähe. Mit Hilfe des schwarzen Vogels kann Großvater in die Vergangenheit und in die Zukunft blicken. Nach der Mythologie der Indianer ist die Krähe das einzige Tier, das ins Jenseits fliegt und wieder zurückkommt. Krähen-Schamanen haben eine große Verantwortung gegenüber den Mitmenschen. Sie können erfühlen, wann ein Mensch stirbt oder welche Krankheiten er noch bekommt. Großvater sagt: »Es ist nicht automatisch bei jedem Menschen so, das wäre ja schrecklich. Es ist nur, wenn ich es will, wenn ich mich auf eine Person konzentriere. Das kann bei einer Heilzeremonie sein oder auf der Straße.« Großvater kann sich in die Schwingung eines Menschen hineintranszendieren. Er macht die Aura und die Seele des Betreffenden für sich sichtbar. »Über die Farbe der Aura erfahre ich schon sehr viel. Ist die dunkel und ausgefranzt, dann steht es schlecht um den Menschen. Leuchtet sie jedoch hell und züngeln kleine Flämmchen aus ihr heraus, dann sprüht der Betreffende vor Lebenskraft. Das Immunsystem funktioniert. Oft reicht es schon, wenn ich nur die Hände eines Menschen berühre. Ich spüre die Dichte seiner Aura und weiß, wie es um diesen Mann oder um diese Frau bestellt ist. Oft schmerzt es mich, wenn ich bei jungen Leuten Skadi, den Totengeist sehe. Er schleicht wie ein Schatten hinter ihnen her. Ihm folgt die Eule, der Totenvogel. Sie schreit unaufhörlich, aber der Mensch hört ihr Rufen nicht.

Der Tod gehört zum Leben. Es ist nur eine Reise in eine andere Welt. Zu sterben ist wunderschön. Ich freue mich schon, wenn ich meine Reise zur Milchstraße antreten werde. Die meisten Menschen haben Angst vor dem Tod, weil sie in ihm etwas Dunkles, Schwarzes und Grausames sehen. Wenn die Menschen wüßten, wie herrlich leicht es ist, von dieser Welt zu gehen, dann hätten sie keine Angst mehr.«

Die Reise ins Jenseits

»Wir Indianer wissen, daß die Seele nach dem Tod weiterlebt«, sagt Großvater. »Das hat uns Wakan Tanka gelehrt. Die Seele ist unsterblich.« Nach einer alten, überlieferten Lakota-Geschichte wandert die entwichene Seele auf dem Geisterpfad in das Land der vielen Zelte, das liegt irgendwo tief im Universum. Auf dem Weg der Milchstraße kommt die Seele an einer alten Frau vorbei. Es ist Hihnkara, die Eulenmacherin. Sie schaut nach, ob man an den richtigen Stellen tätowiert ist. Es handelt sich dabei um einen oder mehrere Punkte am Kinn. Wenn dies nicht der Fall ist, stößt sie die Seele zurück zur Erde, wo diese als ruheloser Geist umherwandern muß.

Großvater sagt, daß er das Jenseits schon gesehen hat. »Es war auf einem Hügel, wir nennen es Hanblecheyapi, die Visonssuche. Wir beten dort vier Tage und vier Nächte zu Spirit-Großvater, erflehen von ihm eine Vision. Wir essen und trinken vier Tage und Nächte nichts. Es war am dritten Tag. Ich hielt den Stiel meiner Pfeife der Sonne entgegen.

Plötzlich wurde es um mich herum ganz dunkel, ich hörte ein Rauschen und Kreischen. Ich blickte zum Himmel und sah eine riesige Krähe auf mich zufliegen. Sie war so groß, daß ihre ausgebreiteten Flügel die Sonne verdeckten. Die Krähe fragte mich, was ich denn hier suche. Ich habe eine Vision erfleht, sagte ich. Der schwarze Vogel schlug mit den Flügeln, ein Sturm brach los. Bäume bogen sich ächzend zur Seite, Steine verließen ihren Platz, rollten über das Gras. ›Ich komme aus dem Reich der Toten‹, sagte die Krähe. ›Ich will, daß du mich dahin begleitest.‹ Sie packte mich an den Schultern, ihre scharfen Krallen bohrten sich in mein Fleisch. Ich spürte keinen Schmerz, als der Vogel mit mir höher und höher stieg. Bald sah ich Mutter Erde nicht mehr. Vor mir tat sich der blanke Himmel auf. Plötzlich verengte sich der Horizont und wir flogen in einen schwarzen, dunklen Tunnel. An den Wänden hingen scheußliche Fratzen, Hände versuchten nach mir zu greifen. Ich hörte jämmerliches Schreien, so laut, daß ich mir die Ohren zuhalten mußte. Der Tunnel nahm überhaupt kein Ende. Dann blies uns ein eisiger Wind entgegen. Mir wurde kalt, Eiszapfen nisteten sich in mein Haar. Dann kamen uns Männer entgegen. Sie trugen glitzernde Helme auf den Köpfen, jeder hatte einen riesigen Speer in der Hand. Es waren weiße Soldaten. Sie trieben Menschen vor sich her, es waren Indianer. Frauen und Kinder weinten, überall lagen Tote. Meine Brüder wurden geschlagen und aufgespießt. Ich wollte helfen, aber die Krähe flog so schnell an ihnen vorbei, daß ich sie gleich wieder aus den Augen verlor. Dann sah ich in ganz weiter Ferne ein Licht, das immer heller und heller wurde. Ich mußte die Augen schließen, sonst wäre ich erblindet. Es wurde so gleißend hell, wie die Sonne nicht heller scheinen kann. Die Krähe flog mitten durch. Auf der anderen Seite breitete sich ein wunderschönes Land vor uns aus. Ich sah schneebedeckte Berge, grüne, saftige Wiesen, glitzernde Flüsse und Seen. Auf der Prärie weideten Millionen von Büffeln. Das muß das Land der tausend Zelte sein, dachte ich, dorthin, wo unsere Seelen wandern. Unter mir sah ich mehrere Fauen und Männer. Ich erkannte meinen längst verstorbenen Großvater. Er winkte mir zu, sein Gesicht war freundlich, er lächelte. Daneben stand meine Großmutter, auch sie lachte, winkte. Sie schienen glücklich und zufrieden zu sein. Großvater und Großmutter streckten ihre Arme nach mir aus. Ich zappelte, versuchte mich aus den Klauen der Krähe zu befreien. Aber mit jeder Bewegung drangen ihre Krallen noch tiefer in mein Fleisch ein. Wir flogen über die Köpfe von Großvater und Großmutter hinweg. Kaum hatten wir sie überflogen, waren sie weg, wie vom Erdboden verschwunden. Das grüne Land hörte urplötztlich auf, aus den saftigen Wiesen wurde eine gelbe Wüste ohne Leben. Aus dem Sand erhob sich eine Art Regenbogen in den Himmel. Die Krähe folgte der schillernden Straße. Finstere Nacht umgab uns, dann sah ich Millionen von Sternen. Die Krähe flog auf einen ganz besonders hellen Stern zu. Mir war, als hörte ich von weitem Trommelschläge. ›Wir sind am Ziel‹, sagte die Krähe. ›Hier ist das Land deiner Ahnen, das Land der tausend Zelte, das ihr Menschen Jenseits nennt.‹ Das Schlagen der Trommeln wurde lauter, Musik drang an mein Ohr, so schön, wie ich sie noch nie zuvor in meinem Leben gehört hatte. Ich spürte tiefen Frieden, Glückswellen erfaßten mich. Vor meinen Augen tauchte eine Schildkröte auf, sie konnte fliegen. ›Ich bin Maka, die Erde‹, sagte sie. Hinter ihr schwebte ein Adler heran. ›Ich bin Skan, der Himmel‹. Ein mächtiger Gesteinsbrocken wirbelte heran. Er sagte mit tiefer Stimme: ›Ich bin Inyan, der Felsen‹. Es kamen die vier Winde angebraust. Auf dem Nordwind ritt eine Frau mit langem schwarzen Haar – es war Wohpe, die Schöne. Dann kam eine Lichtgestalt auf uns zu. Nicht Mann, nicht Frau, nicht Mensch, nicht Tier, nicht Pflanze – und doch alles in einem. Ich wußte sofort, das war Spirit-Großvater. Sein Licht umhüllte mich, eine Woge des Glücks durchströmte meinen Körper. Ich fühlte mich wie ein Baby in Mutters Schoß, wohlbehütet und ohne Sorgen. Ich mußte weinen. Meine Tränen fielen auf den Panzer der Schildkröte. Für jede Träne wuchs ein kleines Bäumchen aus dem Leib von Mutter Erde. »Du bist ein Mensch, der uns achtet«, sagte sie. »Behüte meine Kinder, die Tiere, Pflanzen und Steine, sei ihnen ein guter Bruder. Dafür werden sie dir Geheimnisse anvertrauen und dir immer Freund sein. Und jetzt fliege zurück und erzähle den anderen, was du gesehen hast. Denn jeder soll erfahren, daß alle Lebewesen die Kinder von Mutter Erde sind.«

Die Krähe kehrte um, flog zurück zur Regenbogenstraße, weiter über die Wüste ins fruchtbare Land, dann durch den Tunnel zurück zur Erde. Über dem Berg ließ mich der große schwarze Vogel einfach fallen. Ich schlug hart auf dem Felsen auf, war für zwei Tage ohne Bewußtsein. Mein Lehrer fand mich blutend auf den Steinen liegen. Er dachte, ich wäre tot. Aber ich lebte.«

Eine ganze Nacht saßen Großvater und ich zusammen, als er mir über seine Reise ins Jenseits erzählte. Es wurde schon hell, als er mit trauriger Stimme sagte: »Manchmal habe ich das Gefühl, versagt zu haben. Maka gab mir den Auftrag, allen Menschen zu erzählen, daß die Tier- und Pflanzenwelt und die Steine unsere Geschwister sind und daß wir sie respektieren sollen. Aber schau dich um, ich habe versagt.«

Hjojo hjojo je-o
Hjojo hjojo je-o
Hjojo hjojo je-o

Kola waion ki-o
Kola waion ki-o
Minari ghpetschuta je
Lojo hjojo hjojo elo he-je ho

Kola waion ki-o
Kola waion ki-o
tratranka je
Lojo hjojo hjojo elo he-je ho

Kola waion ki-o
Kola waion ki-o
waschetschu-ej
Ljojo hjojo hjojo elo he-je-o

Kola waion ki-o
Kola waion ki-o
sinte sapela jej
Ljojo hjojo hjojo elo he-je-o

Ganz am Anfang
lebte ich von den Kräutern, den Pflanzen,
den Bäumen und den Wurzeln,
aber dieses Leben ist zu Ende.

Dann lebte ich von dem Bison,
der mir Kleider und Wärme gab im Winter
und im Frühling.
In Zeremonien und Gebeten
lebte ich das Leben des Bisons.
Aber dieses Leben ist zu Ende.

Nun lebe ich das Leben des weißen Mannes.
Ich tue, was der weiße Mann tut,
ich spreche, wie der weiße Mann spricht,
ich trage, was der weiße Mann trägt.
Und auch dieses Leben des Materialismus
ist zu Ende.

Eine neue Zeit ist angebrochen.

Ich lebe das Leben des Schwarzschwanzhirsches.
Ich werde heimkehren zu den Berggipfeln,
um neue Kraft zu schöpfen.
Mit dem Morgenstern komme ich herab,
um alles Wasser zu reinigen.
Dann kehre ich zum Gipfel des Berges zurück.
Am Ende der Zeit komme ich wieder,
um die Erde zu erneuern.

Ich bin der Schwarzschwanzhirsch.
Ein neues Volk wird entstehen,
in dem alle Farben des Menschen vereint sind.
Tatsächlich ist der Schwarzschwanzhirsch
ein brauner Hirsch,
denn die braune Farbe vereint alle Farben in sich.

Ein Steinträumer

Großvater ist auch ein Steinträumer. Er hat die Kraft der Steine, kann mit ihr die unglaublichsten Dinge vollbringen. »Daß Steine für mich etwas ganz Besonderes sind, habe ich schon als Kind erfahren. Ich habe damals schon von Steinen geträumt. Es war ein Traum, der immer wiederkam. Ein riesengroßer Felsen löste sich vom Berg, kullerte einen Abhang hinunter, rollte über die gesamte Prärie bis vor unser Haus. Dann blieb er stehen, wartete, bis ich nach draußen kam. Kaum ging ich ein paar Meter, fing der Stein wieder zu rollen an. Er wurde immer schneller, ich lief um mein Leben. Aber der Fels hatte mich schnell eingeholt, er überrollte mich. In diesem Augenblick wurde ich von dem Stein aufgenommen, ich war plötzlich ein Teil von ihm. Aber da war keine Dunkelheit. Inmitten des Felsens leuchtete ein helles Licht, und dieses Licht ging auf meinen Steinkörper über. Ich spürte eine wohlige Wärme, mein Geist schien in dem festen Körper zu schweben. Ich sah die Welt aus den Augen eines Steines.

Alles um mich herum war in Bewegung. Jeder Kiesel, jeder größere Stein, jeder Felsbrocken, jeder Berg – sie alle waren voller Leben. Sie sprangen vor meinen Augen auf und ab, kullerten übermütig über die Straße, gaben seltsame Laute von sich. Erst mit der Zeit wurde mir klar, daß sie sich miteinander unterhielten. Mit jedem Traum, den ich träumte, lernte ich die Sprache der Steine zu verstehen. Sogar der Mensch ist in den Augen der Steine ein Stein, er ist ihresgleichen. In meinem Traum war

Großvater ein mächtiger, vom Wind ausgewaschener Fels. In seinem Haar hatten sich Vögel eingenistet, überall aus seinem Körper sprießten Blumen, wuchs grünes Moos. Der ganze Fels war in ein violettes Licht getaucht. Andere Menschen waren bloß nackte Steine, grau und bedeutungslos. Die Tiere machten einen großen Bogen um sie.

Mit der Zeit lernte ich, auch ohne Traum die Sprache der Steine zu verstehen. Sie wurden mir Freunde und Spielkameraden. Ich konnte jeden beliebigen Stein in die Hand nehmen, mich in seine Schwingung versetzen und ich wurde selbst zum Stein. Dabei tat sich jedesmal eine Märchenwelt für mich auf. Nach und nach lernte ich auch die Hierarchie der Steine kennen. Steine, die das Wissen der Entstehung des gesamten Universums in sich tragen, sind viele Millionen Jahre alt. Sie sind die weisen Alten, die ihre Erfahrungen an die Jungen weitergeben. Wie bei den Pflanzen, gibt es viele Heilsteine, die uns Menschen gegen Krankheiten schützen oder uns davon befreien können. Der Unterschied ist nur, daß wir die Steine nicht essen oder trinken können. Wir Menschen müssen lernen, uns mit der Schwingung der Steine zu verbinden, um ihre Kräfte und Energien in uns aufnehmen zu können. Schwieriger ist die Bestimmung der Heilsteine. Für die Weißen mögen die meisten Steine gleich aussehen, für mich ist jeder Stein ein Buch mit tausend Seiten.

Es ist völlig falsch, daß nur Edelsteine und Kristalle heilen können, wie viele Weiße in ihren intelligenten Büchern schreiben. Sie haben leider keine Ahnung. Den meisten Steinen sieht man es nicht an, daß sie heilende Kräfte haben. Sie glänzen nicht in roten und blauen Farben, sind weder geschliffen noch poliert. Sie hängen auch nicht in Gold und Silber gefaßt an einer goldenen Kette, obwohl das einige Steine sicher mögen. Jeder Mensch sollte die Steine als beseelte Lebewesen betrachten. Es gibt persönliche Steine, die seinen Besitzer gesund halten. Wer einen persönlichen Stein besitzen will, der findet ihn auch.«

Heilsteine unterm Bett

Großvater hat viele Steine in seiner kleinen Hütte. Ich habe sie anfangs nicht gesehen, sie liegen fein in bunten Tüchern eingewickelt unter seinem Bett. Es sind mindestens 100 Exemplare oder mehr, ich konnte sie nicht genau zählen. Einige dieser Steine sind fein säuberlich bemalt, mit gelben, weißen und roten Punkten. Andere sind kunstvoll mit bunten kleinen Perlen verziert, wieder andere sehen aus wie Tiere. Sie weisen Gesichter auf, alle fein bemalt. Doch eines haben alle gemeinsam: Es sind keine schönen Edel- oder Halbedelsteine. Für mich sahen sie aus wie Steine von der Straße. In ihrer Grundfarbe waren die meisten von ihnen grau und braun. Faszinierend allerdings die Formen. Es gab kugelrunde Steine, ovale, schlangenlinien förmige, knubbelige und stabförmige, andere sahen aus wie von einem Bildhauer geschaffene Skulpturen. Es waren auch rundgeschliffene, weiße Kieselsteine darunter. Zwischen den Steinen fand sich keiner mit Ecken und Kanten. Alle hatten runde, weiche Formen. »Runde Steine sind Ebenbilder der Schöpfung«, sagt Großvater.

Einmal schob er das Bett zur Seite und zeigte mir all seine Steine. Einige wickelte er aus den Tüchern. »Dieser hier«, sagte er, »ist ein Stein, den mir die Traumgeister geschickt haben.« Er war so groß wie eine Faust, sah aus wie eine Sanddüne in der Wüste. Ich streichelte mit meinen Fingern über die runde Form. Die Oberfläche des Steines war samtweich, sie fühlte sich an wie die Haut eines Babys. Der Stein hatte eine goldgelbe Farbe mit zarten weißen Tupfen. »Dieser Stein ist gut für kranke Seelen«, erklärte mir Großvater. »Er hat eine beruhigende Wirkung auf das vegetative Nervensystem. Wer diesen Stein lange in Händen hält, wird ganz ruhig und entspannt. Der Stein ist gefüllt mit der Kraft der Träume. Es ist sogar schon passiert, daß Leute einfach eingeschlafen sind, wenn sie diesen Stein gegen ihren Kopf drückten. Er hilft bei Depressionen und Angstzuständen.«

Großvater wickelte einen zweiten Stein aus. Dieser war mit bunten Perlen verziert. Der Stein hatte eine ovale Form, die Perlen waren wie Paketschnüre darumgewickelt. »Dieser Stein stammt aus dem Reich der Ahnen. Die roten Perlen symbolisieren das Blut, die weißen das ewige Leben. In ihm schlägt das Herz meiner Vorfahren. Der Stein hat sehr starke Heilkräfte. Er verdünnt das Blut, löst Kalkablagerungen in den Blutgefäßen und im Herzen. Er läßt Nieren-und Gallensteine verschwinden, fördert die Durchblutung. Dazu sind aber mehrere Hilfssteine nötig.«

Ein dritter Stein war pechschwarz, die Oberfläche erinnerte mich an die Schuppen eines Krokodils. »Dieser Stein«, sagte Großvater, »kommt direkt aus dem Universum. Es ist ein Stein voll Energie aus den Tiefen des Weltalls. Er ist Milliarden von Jahren alt, er ist der weiseste Stein von allen Steinen auf dieser Welt. Von ihm hole ich mir Rat, wenn ich nicht mehr weiter weiß. Es gibt Fälle, da bin ich mit meinem Wissen am Ende. Ich bin nur ein Mensch, das letzte Lebewesen in der Schöpfung Wakan Tankas. Die Pflanzen, die Tiere und vor allen Dingen die Steine, sie sind viel weiser als wir Menschen. Dieser schwarze Stein kennt alle Geheimnisse des Lebens. Er sagt mir, welches Ritual ich durchführen muß, um einen Schwerkranken zu heilen. Aber ich hole mir seinen Rat nur selten. Ich hüte ihn wie mein eigenes Leben. Wenn ich sterbe, wird auch seine Kraft verlöschen. Er wird mit mir ins Land der vielen Zelte wandern. Kein anderer Medizinmann könnte seine Sprache verstehen.«

Mindestens zwanzig der Steine hatten die Form von Tieren. Ich sah Bären, alle möglichen Vögel, einen Elefanten, eine Schildkröte und verschiedene Fabelwesen. »Diese Steine habe ich von den einzelnen Tieren, die die Steine repräsentieren. Sie besitzen ihre Macht und ihre Kraft.«

Bei Heilriten legt Großvater die Steine entweder auf den Bauch des Kranken, oder auf die Stirn, andere Steine genau auf das Herz. Gleichzeitig müssen die Menschen Hilfssteine in den Händen halten oder sogar zwischen den Zehen. Großvater beobachtet dabei die Steine ganz genau. Nach einiger Zeit fächelt er ihnen den Rauch von Salbei zu und murmelt Worte, die niemand versteht. Phonetisch klingt das etwa so: »Techa dong hono koma si dahug man rehu an sale ba renka. Makana de laho inkar sen glasho man hono dahug ebra.« Das ist kein Lakota und auch keine Fremdsprache. »Das ist die Sprache meiner Steine«, sagte Großvater. »Jeder Steinträumer hat seine eigene Sprache. Sie wird ihm mitgeteilt.« Mehr wollte Großvater darüber nicht sagen. War das Heilritual vorüber, verpackte Großvater die Steine wieder in die bunten Tücher und verstaute sie unter dem Bett.

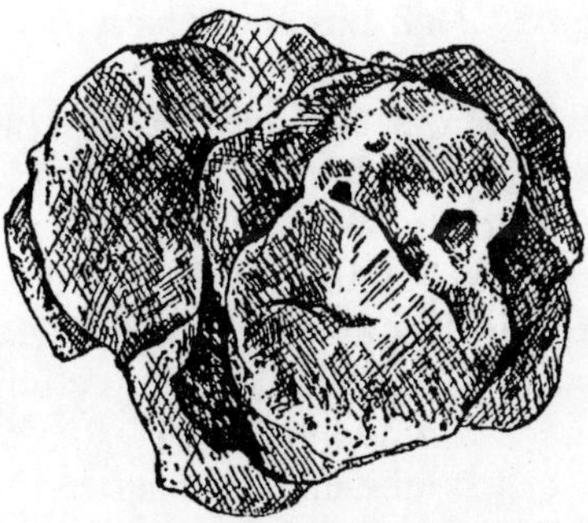

Abb. 7: Ein Heilstein von Großvater.
Deutlich ist das Gesicht eines Tieres darauf zu erkennen.

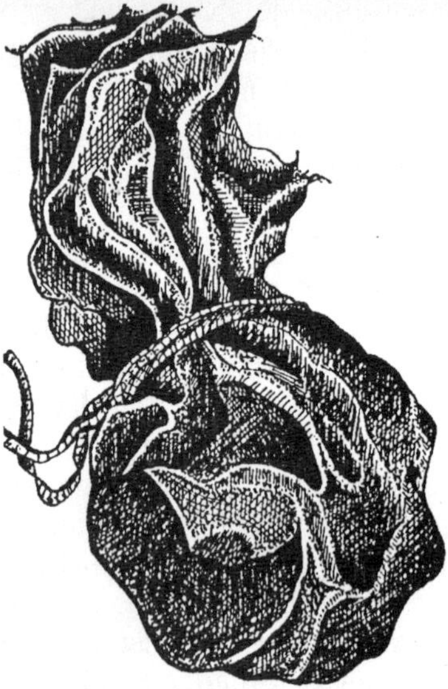

Abb. 8: In solchen Stoffbeuteln
bewahrt Großvater kleinere Heilsteine auf. Einmal in der Woche lädt er
die Steine mit Sonnenlicht auf.

Ich bin ein Felsen

Ich habe Leben und Tod gesehen.
Ich habe Glück erfahren, Sorge und Schmerz.
Ich lebe ein Felsenleben.
Ich bin ein Teil unserer Mutter, der Erde.
Ich habe ihr Herz an meinem schlagen gefühlt.
Ich habe ihren Schmerz gefühlt
und ihre Freude.
Ich lebe ein Felsenleben.
Ich bin ein Teil unseres Vaters,
des Großen Geheimnisses.

Ich habe seinen Kummer gefühlt
und seine Weisheit.
Ich habe seine Geschöpfe gesehen, meine Brüder,
die Tiere, die Vögel,
die redenden Flüsse und Winde, die Bäume,
alles, was auf der Erde,
und alles, was im Universum ist.
Ich bin mit den Sternen verwandt.
Ich kann sprechen, wenn du zu mir sprichst.
Ich werde zuhören, wenn du redest.
Ich kann dir helfen, wenn du Hilfe brauchst.
Aber verletz mich nicht,
denn ich kann fühlen wie du.
Ich habe die Kraft zu heilen,
doch du wirst sie erst suchen müssen.
Vielleicht denkst du, ich bin bloß ein Felsen,
der in der Stille daliegt
auf feuchtem Grund.
Aber das bin ich nicht,
ich bin ein Teil des Lebens,
ich lebe,
ich helfe denen,
die mich achten.

Cesspooch (Dancing Eagle Plume).[1)]

Die Heilige Pfeife

Mit der Pfeife heilen

Bevor Großvater eine Heilungs-Zeremonie durchführt, bei der er mit Geistern und höheren Wesen in Kontakt tritt, stopft er die Heilige Pfeife und sagt: »Freund von Wakinyan, den Flügelwesen, ich reiche dir die Pfeife. Im Kreis herum gebe ich sie dir, der du beim Vater wohnst. Im Kreis gebe ich sie dem beginnenden Tag. Im Kreis herum gebe ich sie Whope. Und mit dem Kreis vervollständige ich die vier Himmelsrichtungen und die Zeit. Ich gebe die Pfeife dem Vater im Himmel. Ich rauche mit Tunkashila. Laß uns einen blauen Tag haben.«

Die Pfeife wird vor und nach jeder Zeremonie geraucht. Sie ist die Manifestation aller spirituellen Kräfte. Die Pfeife wird verwendet, weil der Rauch die Kraft der weiblichen Gottheit hat, die zwischen den Göttern und den Menschen auf Mutter Erde vermittelt. Der aufsteigende Rauch stimmt die Götter günstig.

Großvater bewahrt seine zwei alten Pfeifen in heiligen Bündeln auf. Sie sind in hellem Stoff eingepackt, bedeckt durch eine äußere Schicht wasserdichter Tierhaut. Großvater packt die alten Pfeifen nur vor Heilungen, die ihm viele Kräfte abverlangen aus. Dann richtet er das Mundstück der gestopften und angezündeten Pfeife nach Westen und sagt: »Freund der Flügelwesen, ich reiche dir zuerst die Pfeife.« So opfert er die Pfeife dem Westwind, denn dieser wohnt in der Hütte von Wakinyan und ist sein Freund. Großvater erklärt das so: »Die Pfeife muß zuerst dem Westwind dargeboten werden, weil das Erstgeburtsrecht dem Nordwind genommen und dem Zweitgeborenen, dem Westwind, gegeben wurde. Die Götter wachen eifersüchtig über die richtige Reihenfolge.«

Danach wendet Großvater die Pfeife nach rechts, mit dem Mundstück gegen den Horizont, bis er nach Norden zeigt. Er sagt: »Im Kreis herum gebe ich sie dir, der du beim Vater wohnst.« So opfert er die Pfeife dem Nordwind. Dann bewegt er die Pfeife in gleicher Weise, bis das Mundstück nach Osten weist. Er sagt: »Im Kreis herum gebe ich sie dem beginnenden Tag.« Damit opfert er sie dem Ostwind, denn seine Hütte liegt dort, wo der Tag beginnt, den man mit »beginnender Tag« ansprechen darf. Dann bewegt Großvater die Pfeife wieder weiter, bis das Mundstück nach Süden weist und sagt: »Im Kreis herum gebe ich sie der Schönen.« Damit opfert er sie dem Südwind, denn die »Schöne« wohnt als weibliche Gottheit mit dem Südwind in einer Hütte, die unter der Mittagssonne liegt.

»Die Pfeife«, sagt Großvater, »hat die Kraft, die direkt aus dem Universum kommt. Die vier Winde sind die akicita, die Boten der Götter, und bei allen Zeremonien haben sie Vorrang vor allen anderen Göttern und müssen deshalb zuerst angesprochen werden.«

Hat Großvater die Pfeife dem Südwind geopfert, bewegt er sie auf die gleiche Art, bis das Mundstück wieder nach Westen zeigt, dabei sagt er: »Mit dem ganzen Kreis vervollständige ich die vier Himmelsrichtungen und die Zeit. Das muß ich so machen, weil die vier Winde die vier Viertel des Kreises sind. Die vier Viertel umschließen alle, die auf der Welt sind und alle, die im Himmel sind. Der Kreis ist das Symbol der Zeit, denn Tag, Nacht und Mond sind Kreise über der Welt, und das Jahr ist ein Kreis um die Grenze der Welt. So ist die im Kreis herumgeführte Pfeife ein Opfer an alle Zeiten.«

Wenn Großvater die vier Viertel vollendet hat, richtet er das Mundstück der Pfeife zum Himmel und sagt: »Ich gebe die Pfeife dem Vater im Himmel.« Er ist der Herr der Jahreszeiten und des Wetters, und wenn man sich gutes Wetter wünscht, muß man ihn günstig stimmen. Zum Schluß raucht Großvater die Pfeife und sagt: »Ich rauche mit Tunkashila. Laß uns einen blauen Tag haben.«

Abb. 9: Ein Medizinmann opfert die Heilige Pfeife den vier Winden. „Die Pfeife hat die Kraft, die direkt aus dem Universum kommt", sagt Großvater.

Tabak hat für die Indianer eine sakramentale Bedeutung, es ist eine heilige Pflanze. Einem Heiligen Mann bringt man immer etwas Tabak mit. Mit dem Rauch werden die Gebete in den Himmel getragen. Der Rauch der Pfeife stellt die Verbindung zwischen dem Selbst und dem Kosmos her. Die Weißen nahmen den Tabak an, verwässerten ihn aber zur Gewohnheit, machten eine Sucht daraus. Großvater sagt dazu: »Der Tabak tötet die Weißen, weil sie ihn nicht mehr achten. Sie verschmähen seine heilenden Kräfte, der Tabak rächt sich dafür. Raucherhusten und Lungenkrebs sind die Gegenbilder einer Heilung.«

Das Pfeifenritual des Kreises wird vor jeder Heilung durchgeführt. Großvater heilt auch mit der Pfeife, und dabei spielt die Zahl sieben eine große Rolle. »Ich kann mit der Pfeife jede Krankheit heilen, auch Krebs. Ich habe zwei Menschen von Krebs befreit. Eine Frau mit Gebärmutterkrebs und einen Mann, der an Hodenkrebs litt. Die vier Viertel des Kreises umspannen die Welt, aber die Zahl sieben ist die Zahl der heilenden Kräfte. Wenn ich mit der Pfeife heile, muß ich jedes Gebet sieben Mal sprechen, jede Reinigung wird sieben Mal vorgenommen werden. Man muß sieben Mal in die Schwitzhütte gehen, in der sieben Mal sieben Steine erhitzt werden. In der Hütte wird die Pfeife je siebenmal geraucht. Dabei wird der Rauch in die sieben Richtungen geblasen – in die vier Himmelsrichtungen, nach oben, nach unten und zuletzt auf den eigenen Körper. Der Kranke muß morgens gleich nach dem Aufstehen sieben Gebete sprechen, dann sieben Schluck lauwarmes Wasser trinken. Im Laufe von sieben Wochen geht der Kranke siebenmal auf den Hügel um zu beten und zu fasten, jeweils sieben Stunden lang. Dabei muß er siebenmal seine Krankheit anrufen und für sie beten, das ist ganz wichtig. Man darf die Krankheit im Gedanken nicht vernichten, sonst vernichtet sie dich.«

Wie die Lakota zur Heiligen Pfeife kamen

Die Göttin Whope brachte vor zehn Generationen den Lakota die Heilige Pfeife. Großvater erzählte mir die Geschichte so:

»Es passierte vor vielen, vielen Wintern. Zwei junge Jäger waren unterwegs, um nach Bisons Ausschau zu halten. Statt eines Bisons kam ihnen eine wunderschöne Frau entgegen. Sie trug ein Kleid aus weißem Hirschleder und in ihren schwarzen langen Haaren spielte der Wind. Auf ihrem Rücken trug sie ein Bündel, das mit Büffelhaaren verziert war. Ihre Augen waren strahlend wie die Sterne am Nachthimmel. Die Frau schritt langsam auf die beiden jungen Krieger zu. Einer von ihnen sagte zu seinem Freund: ›Dieses schöne Mädchen will ich sofort besitzen.‹ Er ging auf die Frau zu, wollte sie berühren. In diesem Augenblick fing es zu donnern an und eine Wolke senkte sich über beide, hüllte sie ein. Als die Wolke wieder aufstieg, blieb von dem lüsternen Krieger nur noch ein Haufen Knochen übrig.

Die schöne Frau sprach zu dem zweiten Krieger: ›Dein Freund hatte schlimme Gedanken, dafür mußte ich ihn bestrafen. Ich komme vom Bisonvolk und bin auf die Erde geschickt worden, um mit eurem Volk zu sprechen. Ich habe eine wichtige Botschaft zu überbringen. Gehe zu deinem Häuptling und sagte ihm, er soll ein großes Tipi in der Mitte des Dorfes aufstellen lassen. Laßt die Tür des Tipis nach Osten weisen. Macht die Erde unter der Feuerstelle glatt und gebt ihr die Form eines Vierecks. Der Ehrenplatz soll mit Salbei bestreut werden. Baut ein kleines Gestell aus Holzstöcken und legt einen Bisonschädel davor. Ich habe eurem Volk Dinge von großer Bedeutung zu sagen. Ich werde zur Morgendämmerung im Dorf sein.‹

Als der Späher zum Lager zurückkam, erzählte er seinem Häuptling, Standing Hollow Horn (Stehendes Hohlhorn), von seinen Erlebnissen mit der schönen Frau und überbrachte ihm ihre Botschaft. Der Häuptling ließ das große Tipi aufstellen und das Holzgestell aufbauen. Alle Männer, Frauen und Kinder wurden aufgefordert, sich bei Sonnenaufgang zu versammeln, um die schöne Frau zu begrüßen. Beim Licht der ersten Morgendämmerung erschien das schöne Mädchen, so, wie es der Krieger beschrieben hatte. Aber anstatt des Bündels auf dem Rücken trug es in der rechten Hand einen Pfeifenstiel aus dem Beinknochen eines Büffelkalbs. In der linken Hand hielt sie einen roten Pfeifenkopf. Sie schritt langsam durch den Eingang des Dorfes auf das Versammlungszelt zu. Sie betrat das Tipi und setzte sich auf den Ehrenplatz. Als Ptesan Win, die Weiße-Büffelkalb-Frau Platz genommen hatte, hielt sie Häuptling Standing Hollow Horn die Pfeife hin und sagte: ›Diese Pfeife ist nicht von Menschenhand gemacht, sondern von dem Schöpfer, Wakan Tanka. Diese Pfeife hat er euch geschenkt‹ Sie wandte sich mit der Pfeife an die vier Himmelsrichtungen, sagte: ›Ich bin eure Schwester. Wir sind ein Volk und ein Geist. Wir sind die Büffelnation. Wakan Tanka ist mit den Lakota sehr zufrieden und als Vertreterin des Bisonvolks bin ich stolz, eure Schwester zu sein. Ihr seid von Wakan Tanka auserwählt worden, diese Pfeife stellvertretend für die Menschheit zu erhalten. Sie ist Symbol des Friedens und ein Medizinmann, der sie raucht, kann mit Wakan Tanka in Verbindung treten.‹ Dann zeigte Ptesan Win dem Häuptling, wie man die Pfeife mit dem heiligen Tabak füllt und mit glühendem Büffel-Mist anzündet.

Anschließend wandte sich Ptesan Win an die Frauen und sagte: »Ihr müßt in eurem Leben großes Leid ertragen, eure Stärke ist die Familie. Ihr bringt die Kinder zur Welt, nährt sie und seid treue Gattinnen. Wakan Tanka hat das so geplant. Dafür liebt er euch und steht den Frauen in Kummer und Leid bei.‹ Zu den Kindern sagte sie: ›Ihr seid noch klein. Achtet eure Eltern, denn eines Tages werdet auch ihr erwachsen sein und den Weg der Pfeife gehen.‹ Zu den Männern sprach sie als Schwester. ›Ihr seid stark. Beschützt eure Familien, seid zärtlich zu Frauen und Kindern, sie brauchen euren Schutz. Raucht die Pfeife und bringt Wakan Tanka Opfer und Gebete für alle Segnungen des Lebens. Die Pfeife schützt euch in Zeiten des Krieges, des Hungers, der Krankheit und anderer Notlagen.‹ Zum Schluß gab die schöne Frau den Lakota sieben heilige Zeremonien: Die Reinigung, die Visionssuche, den Sonnentanz, das Ballwerfen, das Formen einer Bisonfrau, die Verbrüderung und das Geistbesitzen.

Ptesan Win verbrachte vier Tage bei den Lakota. Bevor sie ging, sagte sie zu Häuptling Standing Hollow Horn: ›Wakan Tanka hat es gefallen, wie ihr diese Begegnung gestaltet habt.‹ Dann nahm sie ein Stück getrockneten Bisonmist, zündete die Pfeife an, bot sie den Vier Winden dar, dann dem Himmel und zuletzt der Erde. ›Jetzt ist meine Aufgabe erfüllt‹, sagte sie und hängte die Pfeife an das Holzgestell. Sie verließ das Tipi und ging zum Dorf hinaus. Alle Kinder, Frauen und Männer sahen ihr nach. Als sie einen nahen Hügel erreichte, verwandelte sich die schöne Frau in ein weißes Büffelkalb. Auf diese Weise war die Tochter von Sonne und Mond auf die Erde zurückgekehrt, um die Menschen zu belehren. Sie war allen als die ›Schöne‹ bekannt und den Medizinmännern als Whope.«

Die Kalbspfeife

Zehn Generationen lang haben die Nachkommen von Buffalo Who Walks Standing Upright die Kalbspfeife für die Nation der Lakota gehütet und die mit ihr verbundenen Zeremonien mit Genauigkeit durchgeführt. Die Pfeife der Schönen ist in Pine Ridge aufbewahrt. Sie ist in Wolle gehüllt und wird zusätzlich in einem roten Tuch aufbewahrt. Der Tonkopf ist in der Form eines umgekehrten T geschnitten. Das lange T-Stück stellt zwei Flügel dar, der Kopf eine rautenförmige Spule. Er ist blank poliert. An der Spitze des inneren Flügels sind zwei kleine Löcher gebohrt, an das äußere Loch ist ein kleiner Lederriemen mit zwei blauen Perlen gebunden. Am hölzernen Stiel hängen ein Fächer aus roten Adlerfedern und vier kleine Skalps. Um den Stiel sind mehrere Vogelbälge gewickelt. Neben der Pfeife liegen noch drei verzierte Holzpaddel, und ein mit Applikationen von Stachelschweinborsten verzierter Pfeifenstopfer. Alles zusammen wird täglich auf einen Dreifuß gelegt. Am Morgen in Richtung der aufgehenden Sonne, am Nachmittag in Richtung der untergehenden Sonne. Nur bei so entscheidenden Ereignissen wie Hungersnöten, Seuchen oder einem Friedensschluß wird die Kalbspfeife dem Bündel entnommen. Selbst bei den Lakota haben nur wenige Männer sie jemals gesehen. Seit ihnen die Kalbspfeife gebracht wurde, haben die Lakota viele Nachbildungen hergestellt, um die Lehren der Schönen auszuführen. Die Pfeife symbolisiert, wenn sie gemeinsam geraucht wird, nicht nur Frieden, sondern dient auch als Mittel, um Hilfe von der Schönen zu erbitten und direkt mit ihr in Verbindung zu treten. Als Mittlerin zwischen Göttern und Menschen übertrug sie ihre Macht durch die Pfeife auf den Rauch des Tabaks. Wenn ein Medizinmann die Pfeife zur Anrufung eines Gottes raucht, steht er mit dem Gott in direktem Kontakt.

Tschanupa ki le-i tschuwo
Tschanupa ki le-i tschuwo
leju ha hotscho kaw jaka rinkte
leju ha hotscho kaw jaka rinkte
Ate helo
Ate helo

Nimm die heilige Pfeife
Nimm die heilige Pfeife

Öffne dein Herz und
verbinde dich mit dem Zentrum der Erde

Das Zentrum der Erde
ist der Mittelpunkt des Kreises

Das lehrte uns der Große Geist
Das lehrte uns der Große Geist

Großvaters Pfeifen

Großvater hat drei Pfeifen. Zwei sind schon sehr alt, die dritte hat er sich erst vor kurzem selbst geschnitzt. Eine der alten Pfeifen habe ich nie zu Gesicht bekommen. »Diese Pfeife ist mehrere hundert Jahre alt«, erklärte mir Großvater. »Sie ging durch viele Hände. Berühmte Häuptlinge und Heilige Männer haben sie geraucht. Diese Pfeife hat noch nie ein Weißer zu Gesicht bekommen und so soll es auch bleiben. Denn die Weißen sind in unser Land gekommen und haben uns alles genommen. Sie haben unsere Frauen genommen, unsere Kinder, unsere Ehre und unseren Stolz. Aber eines konnten sie uns nie nehmen, die Heilige Pfeife. Sie hat uns vor dem Untergang bewahrt. Die Pfeife ist es, die uns wieder stark macht. Die Pfeife vermittelt zwischen Wakan Tanka und dem Menschen. Wenn du die Pfeife rauchst, mußt du rein sein in deinem Herzen und in deiner Seele. Sonst wird dir großes Unglück widerfahren. Die Pfeife heilt alle Krankheiten, wenn sie richtig geraucht wird. Mit freudiger Erwartung, Andacht und Demut. Du mußt die richtigen Gebete sprechen, dann wird Tunkashila dich erhören. Er hat alles so einfach gemacht.

Man muß ihm nur mit Güte begegnen, die Pfeife hilft uns dabei. Ihr Weißen habt keine Pfeife, darum fehlt euch der direkte Weg zu Gott. Ihr habt die Bibel. Aber da steht soviel geschrieben, daß einem schwindelig wird. Außerdem haben, soviel ich weiß, Menschen diese Bibel geschrieben. Uns hat die Pfeife Göttin Wohpe gebracht. Das ist der Unterschied. Solltest du jemals eine Pfeife besitzen, betrachte sie als persönliches Geschenk Wakan Tankas. Durch sie kannst du jeden Tag mit Tunkashila, deinem Spirit-Großvater sprechen. Ein neumodisches Telefon ist dazu nicht in der Lage. Wenn du die Pfeife rauchst, bedanke dich für das Morgenlicht. Bedanke dich für dein Essen, für die Freu-de am Leben. Und blase den Rauch in die vier Himmelsrichtungen, denn dort wohnen deine Freunde und Verwandten. Und wenn du einmal keinen Grund siehst, dich zu bedanken, sei sicher, das der Grund dafür in dir selbst liegt.«

Die vier Himmelsrichtungen

Der Osten ist der Sitz der Sonne und des Morgensterns. Sie beide sind die Quellen der Weisheit und des Verstehens. Der Stein der Himmelsrichtung ist gelb. Gelb ist bei den Lakota auch die Farbe der Liebe. Symbolisiert wird die Liebe durch den Elch. Der Osten ist das Heim der Elchleute. Ihr Bote ist der Steinadler.

Der Süden ist die Quelle des Wissens und der Macht. Fragen und Gebete, die das Leben und das Schicksal betreffen, werden an den Süden gerichtet. Der heilige Stein ist weiß. Der Süden ist das Heim der Tierleute. Ihr Bote ist der weiße Kranich.

Der Westen wird mit reinigendem Wasser verbunden. Er ist das Heim der Donnerwesen. Der Stein des Westens ist schwarz. Der Westen ist das Heim der Pferdeleute. Sie haben die Kraft der Pferde. Ihr Bote ist der schwarze Adler.

Der Norden ist die Quelle des Wissens über Gesundheit und Heilung des Menschen. Medizinmänner, die eine Heilung vornehmen, beten zu den Geistern des Nordens. Der Stein dieser Himmelsrichtung ist rot. Im Norden wohnen die Bison-Geist-Leute. Der Bote ist der weißköpfige Adler. Auch Wohpe, die Schöne, die Göttin, die den Lakota die Heilige Pfeife brachte, wohnt im Norden.

Es gibt bei den Lakota noch eine fünfte und sechste Himmelsrichung – oben und unten. Himmel und Erde.

Großvater und alle anderen Medizinmänner rauchen keinen reinen Tabak in ihrer Pfeife. Sie stopfen sie mit kinnickinnick. Das heißt übersetzt: »Gemischt von Hand«. Dafür mixt Großvater den Tabak mit Rindenstückchen von Weide, Berberitze, Wachsmyrte, Roterle und Rosenbusch. Dazu kommen kleingehackte Blätter und Zweige.

Der Kopf einer Heiligen Pfeife ist aus einem rotem Stein gefertigt, dem sogenannten »Catlinite« (Pipestone) oder Inyansa, wie ihn die Lakota nennen. Er wird aus den Steinbrüchen im heutigen südwestlichen Minnesota gewonnen. Der rote Stein liegt zwischen harten Quarzschichten, ist leicht zu bearbeiten und zu polieren. Vermutlich begann der Steinabbau in bescheidenen Ausmaßen um 1600 bis 1650. Der Stein wurde für die Dakotas (Überfamilie der Lakotas) zur wertvollen Einkommens-Quelle und diente dem Handel mit vielen Nachbarstämmen. Pfeifen der Dakotas waren in den ganzen Plains berühmt. An der westlichen Grenze war eine Pfeife genausoviel wert wie ein gutes Pferd.

Kola ini-e tscha
wa:o wejlojo he
Oja te wazani picta tscha
Mie tscha
wa:o wejlojo he-o

Kola ini-e tscha
wa:o wejlojo he
Ampowe tschapi
eta tscha
Wa:o wejlojo he
Initi ekta tscha
waku wejlojo he-o

Kola ini-e tscha
wa:o wejlojo he
Initi etan tscha
waku wejlojo he
tschan gleshka wa
ekta tscha
waku wejoljo he-o

Kola ini-e tscha
wa:o wejlojo he
Wakan tranka
wama jankako
Mie tscha
waku wejlojo he

Kola ini-e tscha
wa:o wejlojo he
Wakan tranka
wama jankajo
Mie tscha
waku wejlojo he-o

Meine Freunde, schaut!
Ich kehre zurück mit dem aufgehenden Morgenstern.
Ich beginne einen neuen Lebenszyklus.
Mit dem Morgenstern komme ich zurück zur Inipi,
zur Reinigungszeremonie in der Schwitzhütte.
Meine Freunde, schaut, wie ich gereinigt die
Schwitzhütte wieder verlasse, so daß ich ein
neues Leben beginnen kann.
Mein Volk, schaut auf mich, wie ich den heiligen
Kreis des Lebens betrete.
Großer Geist, schicke mir deinen Segen und deine
Liebe auf meinen Weg, zurück zum Schoß
der Mutter Erde.
Meine Freunde, ich bin's, der einmal mehr zurück-
kommt in den heiligen Kreis des Lebens.

Früher wurde die Pfeife auch der Wahrsagung oder als festliche Bestätigung verwendet. Ein Krieger erzählte seinen Freunden eine abenteuerliche Geschichte; diese aber glaubten ihm nicht so recht, und so bat man um einen Priester. Der malte den Pfeifenhals rot an und betete darüber. »Ich will, sollte die Geschichte des Mannes wahr sein, daß er lange lebt. Aber wenn sie falsch war, dann soll sein Leben bald enden.« Dann wurde die Pfeife gefüllt, angezündet und an den Geschichtenerzähler weitergegeben. Der Priester sagte zu ihm: »Nimm diese Pfeife an, aber erinnere dich, daß, wenn du sie rauchst, deine Geschichte so fest sein muß, wie die Schale in der Pfeife und so gerade, wie das Loch durch den Hals. Wenn das so ist, soll dein Leben lange sein. Wenn du aber falsch gesprochen hast, sind deine Tage gezählt.« Der Mann hätte die Pfeife ablehnen und sagen können: »Ich habe euch die Wahrheit erzählt.« Aber niemand hätte ihm geglaubt, man hätte ihn als Lügner betrachtet. Rauchte er aber die Pfeife, war es die feierlichste Form eines Schwures.

Wir rauchen die Pfeife

Wenn Großvater mit mir die Pfeife rauchte, dann packte er immer seine selbstgeschnitzte aus. Der Pfeifenkopf hatte die Form einer Adlerklaue, der Hals war bis zur Hälfte mit blauen Perlen verziert. Zwischendurch hatte er bunte Lederbänder eingeflochten, in denen Adler-Flaumfedern steckten. Vom Mundstück in Richtung Pfeifenkopf krabbelten mehrere Tiere, alle geschnitzt aus dem roten Stein. Ein Bär, eine Schildkröte, eine Krähe und ein Wal. »Ich wohne leider nicht am Meer«, sagte Großvater, »aber Wale üben eine große Faszination auf mich aus. Ihre Freiheit im Wasser gleicht der des Adlers in den Lüften. Ihr Gesang erinnert mich an die Stimmen der Geister, wenn sie mir eine Geschichte erzählen. Ich kann die Sprache der Wale verstehen, auch wenn ich noch nie einen dieser Meeresbrüder zu Gesicht bekommen habe.«

Meist rauchten wir die Pfeife abends. Wir saßen vor der Hütte, redeten oft stundenlang kein Wort. Großvater zündete die Pfeife an, blies den Rauch in die vier Richtungen

Abb. 10: Eine Pfeife von Großvater.
Sie ist mit blauen Perlen, Pferdehaaren sowie Stoff- und Lederbändern verziert. Der Pfeifenkopf stellt eine Adlerklaue dar.

der Winde, in den Himmel und auf die Erde. Dabei hielt er das Mundstück erst gegen den Himmel, dann in Richtung Erde. Er gab mir die Pfeife, ich rauchte auf die gleiche Weise. Es war ein stilles Gebet, das wir jeden Abend verrichteten. Mit dem Rauch, den wir nach oben bliesen, stiegen unsere Gedanken, Wünsche, Sehnsüchte, Bitten und Danksagungen zu Spirit-Großvater hoch. Als Nichtraucher fiel es mir am Anfang etwas schwer, aber der Rauch wird glücklicherweise nicht in die Lunge inhaliert, sondern einfach nur aus dem Mund herausgeblasen. Außerdem war es »kinnickinnick«, das wir rauchten. Die Kräuter erzeugten im Mund einen angenehmen Geschmack. Es brannte weder auf der Zunge noch auf den Lippen. Mir ging die Pfeife meistens aus und Großvater mußte sie wieder anzünden. »Ihr Weißen seid schon eine sehr komische Rasse«, sagte er eines Abends. »Zigaretten, die euch den Tod bringen, die raucht ihr ununterbrochen, da geht auch die Flamme niemals aus. Aber das heilige Feuer, das euch Gesundheit schenkt, das könnt ihr nicht hüten. Das ist ein Zeichen, daß ihr nicht mehr in der Balance lebt.

Die Weißen sind in unser Land gekommen. Sie haben unsere Frauen und Kinder geschändet, uns in Reservate gepfercht, sie haben die Büffel ausgerottet und sie haben das Gold aus den Bergen gewaschen. Der Weiße Mann nannte uns primitiv, weil wir nicht lesen und schreiben konnten, weil wir noch nie etwas von Jesus Christus gehört hatten. Er nannte uns primitiv, weil wir mit Tieren, Pflanzen und Steinen sprachen und sie unsere Brüder nannten. In den Black Hills, unseren Heiligen Bergen, bauen die Weißen Uran ab. Es vergiftet unsere Flüsse, macht unsere Kinder krank. Warum nennt ihr uns primitiv? Weil wir Mutter Erde nicht mit riesigen Baggerschaufeln verletzen, die sich tief in ihren Leib graben? Überall dort, wo der weiße Mann seinen Fuß auf die Erde setzte, folgte Tod und Zerstörung. Warum müßt ihr immer alles kaputt machen?»

Ich schaute Großvater betreten an. Was sollte ich auch antworten, er hatte ja recht. Mich damit zu entschuldigen, daß ich einer anderen Generation angehörte, war mir zu einfach. Ich nahm seine Hand, streichelte sie. Er ließ es gewähren. Tränen liefen ihm über die Backen. »Manchmal frage ich mich, warum du da bist«, sagte er mit stockender Stimme, »warum ich dir das alles erzähle.Vielleicht ist es mein Versuch, wieder Vertrauen zu gewinnen. Ein Vertrauen, das uns der weiße Mann in all den vielen Jahren genommen hat. Der weiße Mann hat jeden Vertrag mit den Indianern gebrochen. Es gibt nicht einen Vertrag, den er eingehalten hat, obwohl wir die Pfeife darauf rauchten.«

Die Prophezeiung

Ich weiß, es kommt die Zeit, in der sich der weiße Mann an die Indianer zurückerinnern wird. Viele Medizinmänner schreiben wichtige Bücher, in denen sie das Ende der Menschheit prophezeien. Sie verkaufen ihr Wissen oder das, was sie dafür halten, für ein paar Dollar an einen Verlag. Viele dieser Medizinmänner fliegen nach Europa, halten dort für 200 Dollar eine Schwitzhütten-Zeremonie ab und die Weißen denken, jetzt seien sie auf dem richtigen Weg. Aber damit ist es nicht getan. Sieh nur, wie Mutter Erde weint, die Menschen quälen sie. Mutter Erde ist ein Lebewesen und wir alle sind ihre Kinder. Jede Mutter liebt ihre Kinder. Aber die Menschen treten ihre Liebe mit Füßen. Mutter Erde ist traurig und zornig. Und mit ihr Vater Himmel und Bruder Sonne. Tunkashila hat schon lange ein Auge auf die Menschen geworfen, er hat es mir gesagt. Wie soll Spirit-Großvater die Menschen lieben, wenn sie seine Gesetze mißachten? Demut und Dankbarkeit mußten der Gewalt weichen. Haß und Neid haben sich in die Herzen der Menschen eingenistet, es ist keine Liebe mehr da. Wir Indianer haben die Alten geachtet. Kein junger Krieger wagte es, einem Alten zu widersprechen, ihr Wort war Gesetz. Ihr Weißen schiebt die Alten in Heime ab, wo sie wie gefangene Tiere gehalten werden. Ärzte stopfen sie mit Tabletten voll, und wenn sie sterben, legt man sie in die Kühltruhe. Keiner weint um sie. Tunkashila ist böse darüber. Wir Indianer sprechen mit unseren Ahnen. Dort, wo ihre Schädel und Knochen begraben sind, ist die Erde heilig. Ihr Weißen grabt diese heilige Erde um und baut einen Golfplatz darauf. Tunkashila ist sehr böse darüber. Ich sehe großes Unheil auf die Menschen zukommen. Wir Indianer haben keine Angst vor dem Tod. Wir wissen, daß unsere Väter und Großväter im Land der tausend Zelte auf uns warten. Wir werden einmal in Frieden leben. Ich sehe leere, ausgestorbene Städte. Die Häuser sind verkohlte Ruinen, in denen große Ratten leben. Die Luft ist vergiftet, Bäume und Blumen sind alle abgestorben. Es ist kalt, am Himmel ist keine Sonne zu sehen. Mutter Erde hat sich der meisten Menschen entledigt. Es leben nur noch ganz wenige von ihnen. Sie teilen sich das letzte Essen mit den Ratten. Diese Menschen leben unter der Erde in Höhlen, wo die Luft noch einigermaßen erträglich ist. Es werden keine Vulkane, Erdbeben oder Überschwemmungen sein, die das Leben auf der Erde auslöschen. Nein, Tunkashila wird die Arroganz der Menschen nicht mehr ertragen können. Er wird viele Krankheiten schicken, sie werden vom Himmel fallen. Vor langer Zeit wollte der weiße Soldat die Indianer ausrotten, weil er unser fruchtbares Land haben wollte. Die Soldaten legten Decken aus, die mit bösen Krankheiten behaftet waren. Wir Indianer waren neugierig wie kleine Kinder. Wir nahmen die verseuchten Decken mit in unsere Tipis. Wir dachten, das sind wertvolle Geschenke von unseren weißen Brüdern. Jeder, der die Decke in der Hand hatte, starb unter großen Qualen. Die Kinder und Alten zuerst, dann die Frauen. Später auch die Krieger. Die Tipis ganzer Stämme wurden zu Totenhallen. Tunkashila hat es gesehen. Spirit-Großvater wollte verzeihen, aber der Weiße hat seine Worte nicht verstanden. Bald ist auch seine Zeit abgelaufen. Die wenigen, die überleben, werden sich dann an uns Indianer erinnern. Die Zeit dafür ist reif, wie ein Apfel, der vom Baum fällt.

Hokschila tschanupag:o
Epawech luselo

A-e wankam eoch late
wachte schneg:o

Hokschila tschanupag:o
Epawech luselo
Wokoseg:o
Epawech luselo

Mein Freund,
weise mit den heiligen Dingen
nicht in die falsche Richtung.
Mein Freund,
mißbrauche diese Dinge nicht.

Die heiligen Gegenstände und Lehren
sind überliefert durch viele Jahre.
Sie ändern sich nicht,
sie bleiben gleich.

Mein Freund,
du weist mit diesen heiligen Gegenständen
in die falsche Richtung.
Hüte dich, mein Freund,
und richte keinen Schaden an.

Mein Freund,
weise in die richtige Richtung,
denn diese Dinge sind heilig.

Die Schwitzhütte

Die Schwitzhütte gehört zu den sieben heiligen Riten, die Whope den Lakotas brachte. In erster Linie diente sie der Reinigung. Sie war ein vorbereitendes Ritual für eine noch größere Zeremonie, wie etwa den Sonnentanz oder die Visionssuche. Denn nur wer völlig rein an Körper und Seele war, konnte mit den Kräften des Universums in Kontakt treten. Im Laufe der letzten Jahrzehnte wurde das Schwitzritual selbst zu einer Zeremonie. Frauen oder Männer kommen zusammen, schwitzen und beten. Ein Schitzhütten-Ritual bringt Körper und Geist in Einklang mit dem Kosmos. Der Mensch kommt in unmittelbaren Kontakt mit den fünf Elementen (Stein, Feuer, Wasser, Erde und Luft). Kranke erflehen von Wakan Tanka in der Schwitzhütte Heilung. Großvater sagt, daß in einer Schwitzhütte mehr Energie sei, als in einem Atomkraftwerk. Positive Energie, versteht sich. Die Schwitzhütte ist eine kleine Kuppel, zusammengebunden aus 16 Weidenstämmen. Die Lakota machen dadurch die Hütte zum Spiegelbild des Universums. Im Durchschnitt ist eine Hütte ca. 1,20 Meter hoch und zwischen 2,50 und 3 Metern breit. Früher wurde das Weidengeflecht mit Bisonfellen abgedeckt, heute verwendet man Decken, Laken oder festes Segeltuch. Der Eingang der Schwitzhütte liegt an der Westseite. Wer die Hütte betritt, krabbelt auf allen Vieren in Richtung Osten. In der Mitte der Hütte ist eine kleine Grube, Iniowaspe genannt, ausgegraben, in die die glühendheißen Steine hineingelegt werden. Dies stellt das Zentrum des Universums dar, in dem Tunkashila selbst wohnt. Zehn Schritte außerhalb der Türe befindet sich die heilige Feuerstelle, genannt »Feuer ohne Ende«. Sie ist der Sonne geweiht und repräsentiert die große Kraft des Geistes, das Wachstum verursacht und allen Dingen Erleuchtung durch die Sonne bringt. Der schmale Weg von der Hütte zur Feuerstelle ist der Pfad Großmutters und darf von den Zeremonien-Teilnehmern nicht betreten werden. Nur die Feuerleute, die die glühenden Steine in die Hütte bringen, dürfen den Weg begehen. Das heiße Schwitzbad symbolisiert den Tod und die Wiedergeburt jedes einzelnen Teilnehmers.

Abb. 11a: Die Schwitzhütte ist ein runder Dom aus Weidenstangen.

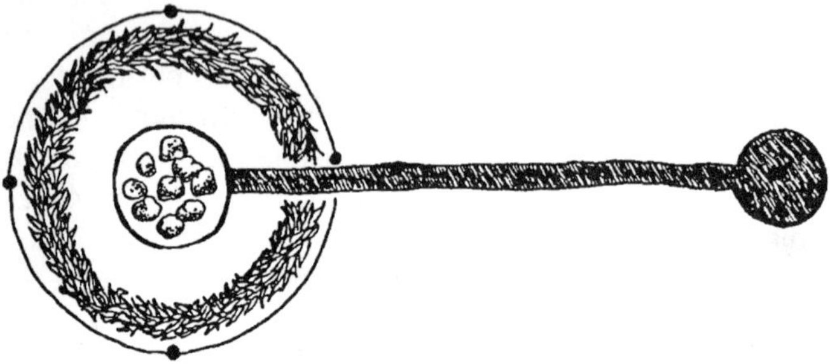

Abb. 11b: In der Mitte die Grube mit den heißen Steinen.
Das Innere der Hütte ist mit Salbei oder Stroh ausgelegt.
Der Weg von Großmutter führt zum Heiligen Feuer.

Die Steine für ein Schwitzhüttenritual werden auf dem Feld gesammelt. Sie sollten eine gewisse Größe haben, zwei, drei oder mehr Kilogramm schwer sein. Faustgroße Steine zerspringen oft im Feuer in tausend Stücke, sie sind dann für das Aufgießen ungeeignet. Für das Entzünden des Feuers sollte man bereits abgestorbene Bäume verwenden oder Holz von bereits gefällten Bäumen. Jedenfalls: Für jeden Baum, der im Heiligen Feuer sein Leben gibt, sollte ein kurzes Dankgebet gesprochen werden. Die ersten vier großen Holzscheite werden so plaziert, daß sie von Osten nach Westen verlaufen. Die vier Äste darüber zeigen von Norden nach Süden. Und so weiter. Die Steine werden wie eine Pyramide aufgestapelt. Um sie herum kommt ein Kegel aus weiteren Ästen. Bevor wir das Feuer anzünden, segnen wir den Scheiterhaufen mit vier Prisen Tabak und einem gesungenen Gebet.

Wai-on ki-e
Wai-on ki-e
Wai-on ki-e

Tschanupa kele
Wakan jelo
Wai-on ki-e

Wai-on ki-e
Wai-on ki-e
Wai-on ki-e

Ojanke kele
Wakan jelo
Wai-on ki-e

Ich rufe Dich.
Ich stehe hier mit der Heiligen Pfeife.

Ich rufe Dich,
wie ich es lernte,
wie es mir weitergegeben wurde.

Ich rufe Dich,
schau auf die Heilige Pfeife
in meinen Händen.

Ich rufe Dich.
Der Ort, an dem wir stehen
ist heilig.
Segne ihn.

Das Schwitzhütten-Ritual der Lakota ist einfach und ohne Schnörkel. Hier wird nicht gesprungen, getanzt und gebrüllt wie bei den Schwitzhütten-Zeremonien, die in Deutschland so gerne abgehalten werden. Die Schwitzhütte ist ein Ort der Besinnung, an dem man in tiefer Demut seine Gebete spricht, egal ob vor, während oder nach der Zeremonie. Natürlich darf auch gelacht werden, alles ist erlaubt, wenn es in der Balance des Universums liegt. Aber die Schwitzhütte ist kein Ort für selbsternannte Gurus, die ihre Schüler wild schreiend und gestikulierend um das Feuer tanzen lassen. Ich habe schon Zeremonien gesehen, bei denen sich die Teilnehmer ihre Gesichter mit Ruß schwärzten und ihren Körper wild bemalten. Dann heulten sie wie die Wölfe den Mond an und schlugen wie wahnsinnig auf ihre Trommeln ein. Dabei stampften sie mit ihren Füßen auch noch den Boden platt. Das einzige, was sie damit erreichten, war, daß sie alle Geister und Energien vertrieben. Das Schlimme ist, daß die Veranstalter solcher Schwitzhütten-»Zeremonien«auch noch Geld von den Teilnehmern verlangen. Bis zu 300 Mark sind keine Seltenheit.

Großvater rät von solchen Schwitzhütten-Ritualen ab. »Ich habe nichts dagegen, wenn der weiße Mann sich in der Schwitzhütte dem Großen Geist nähert. Wer andächtig schwitzt und betet, dem lehrt Tunkashila Dankbarkeit und Demut – und das ist der Schlüssel zum irdischen Glück, das Geheimnis für Gesundheit und Wohlbefinden. Wer aber in der Schwitzhütte die Geister ruft, muß auch verstehen, was sie ihm sagen. Es kann für den, der mit ihren Kräften und Energien spielt, sehr gefährlich werden. Besonders für den, der die Zeremonie abhält. Es gibt viele traditionelle Indianer, die sehen es überhaupt nicht gerne, wenn sich Europäer unserer heiligen Riten bemächtigen. Es ist nicht die Kultur der Weißen, sagen sie. Die Weißen sollen in ihre goldprotzenden Kirchen gehen und beten, nicht in unseren Schwitzhütten. Ich sehe das etwas differenzierter. Wenn der weiße Mann mit dem nötigen Respekt und dem nötigen Wissen an die Sache herangeht, ist dagegen nichts einzuwenden. Denn Spirit-Großvater ist für alle Menschen da. Die Weißen dürfen nur die Grenze nicht überschreiten. Sie müssen wissen, daß sie nie eine rote Haut bekommen werden. Sie mögen in ihrem Herzen uns Indianern sehr nahe stehen, aber es gibt keine weißen Lakota.«

405 Gebetsopfer

Vor jedem Schwitzhütten-Ritual und jeder Heilzeremonie knoten die Teilnehmer insgesamt 405 Tabakbeutelchen. Man legt kleine, farbige Stoffquadrate (wenn möglich Baumwolle) in die Handfläche und gibt eine Prise Tabak hinein. Dabei spricht man ein Gebet. Man bittet nicht für sich selbst, sondern immer für andere. Für die Familie, für Freunde, Bekannte oder Nachbarn. Man fängt dieses Gebet ein, indem man den Stoff zu einem kleinen Beutel dreht und ihn mit einem roten Faden zusammenbindet. Die kleinen Beutelchen werden so an den Faden geknotet, daß sie wie Perlen aufgereiht an der Schnur baumeln. Es bedarf dabei einiger Übung, aber mit der Zeit hat man den richtigen Dreh schnell erlernt. Für meine ersten 100 Tabakbeutelchen benötigte ich mehr als drei Stunden. Das Schwierige ist dabei, den Knoten so zu schlingen, daß der Beutel fest am Faden hängt. Je nach Teilnehmerzahl, dreht jeder zwischen 20 und 40 Beutelchen – bis eben 405 Stück beisammen sind. Es dürfen auch mehr sein, nicht aber weniger. Sind alle Tabakbeutelchen fertig, werden sie vor dem Ritual über die Weidenstangen der Schwitzhütte gewickelt. Mit dem heißen Dampf steigen dann die gesprochenen Gebete in den Himmel auf, werden dort von Tunkashila, dem Spirit-Großvater, erhört. Wenn die Schwitzhütte abgedeckt ist, kann man die vielen bunten Tabakbeutelchen sehen, die an den Weidenstangen hängen. Es ist ein schönes und friedliches Bild, und man weiß, daß jedes der Beutelchen ein gesprochens Gebet ist.

405 Geisthelfer

Die 405 Beutelchen stehen für die 405 Geister, die im Auftrag der Höheren Wesen ihre Dienste verrichten. Großvater erklärt: »Diese Geister sind die Überbringer der heilenden Kräfte an einen Medizinmann. Die 405 Geist-Helfer, auch Weiße Steinmänner-Helfer genannt, werden

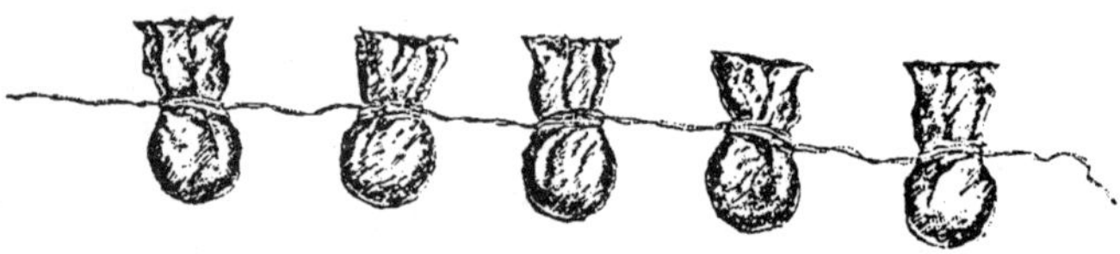

Abb. 12: Die kleinen Beutelchen sind mit Tabak gefüllt.
Sie werden wie Perlen an eine Schnur geknotet.

in vier Gruppen eingeteilt, wobei jede Gruppe einen ganz bestimmten Aufgabenbereich hat. So ist eine Gruppe für die Medizin der Natur verantwortlich. Die Geister wirken durch Pflanzen und Kräuter, sie sagen dem Medizinmann während einer Zeremonie, wie er die Kräuter anzuwenden hat. Eine andere Gruppe der Geisthelfer ist für das Träumen verantwortlich. Sie schicken dem Medizinmann ganz gewisse Träume, von denen er Heilrituale und Heilprognosen ableiten kann. Bei der yuwipi-Zeremonie ist es die Gruppe der Steingeister, die durch die Splitter in den beiden Rasseln zum Medizinmann sprechen und ihm Anweisungen geben.

Nicht jeder Medizinmann ist automatisch berechtigt, die Hilfe aller 405 Geisthelfer in Anspruch zu nehmen. Welcher Geister er sich bedienen darf, das wird ihm im Laufe der Jahre durch Visionen mitgeteilt. Nur erfahrene, meist schon ältere Medizinmänner haben die Erlaubnis erhalten, mit allen 405 Geistern in Kontakt zu treten. Großvater gehört zu den Auserwählten. »Man muß mit diesen Kräften sehr vorsichtig umgehen. Die Geister vermitteln einem sehr viel Wissen. Besonders die vierte Gruppe. Diese Geisthelfer erweitern mein Bewußtsein, indem sie in mich eindringen. Meist passiert das in der Schwitzhütte, wenn ich allein mit der Pfeife bete, um einem Kranken zu helfen. Die Helfer kommen in Form von feurigen Punkten. Sie sausen um mich herum, dringen dann durch meinen Kopf in den Körper ein. Ich stelle ihnen ganz spezielle Fragen zur Krankheit eines bestimmten Patienten und sie antworten mir. Ich sehe ihre Antworten plastisch vor meinen Augen, mein Kopf droht dabei zu zerspringen. Es ist eine übermächtige Erfahrung, die man nicht jeden Tag machen kann. Sind die Geister weg, muß ich mich hinlegen und schlafen. Mein Körper ist dann wie ausgelaugt, ich habe keine Kraft mehr. Darum kann man das nicht alle Tage machen.«

Wenn Großvater allein in der Schwitzhütte ist, spricht er mit den glühenden Steinen. »Ich komme dabei sehr schnell mit den Geistern in Kontakt. Wichtig ist, daß die Zeremonie korrekt abläuft. Wenn die Türklappe fällt und ich zu beten beginne, zerspringen die Steine in der Hitze und geben dabei Laute von sich. Ich kann verstehen, was sie mir sagen wollen. Die Steine verraten mir auch, welche Ereignisse bevorstehen. Das kann mich selbst betreffen, nahe Freunde oder Verwandte, aber auch Ereignisse, die irgendwo auf der Welt geschehen. Die Steine haben Gesichter. Wenn sie glühen, verändern sie ihren Ausdruck. Dann werden die Augen ganz groß, oder sie fangen einfach zu lachen an. Ist das der Fall, passiert in den nächsten Tagen immer etwas Heiteres. Einmal lachten alle Steine auf einmal. Es war ein schallendes Gelächter, und ich mußte einfach mitlachen. Mir liefen die Tränen aus den Augen, so sehr mußte ich lachen. Den Grund dafür

Abb. 13: Ein Heiliger Mann sitzt alleine in seiner Schwitzhütte. Großvater tritt dabei mit den glühenden Steinen in Kontakt, ruft die 405 Hilfsgeister.

habe ich erst ein paar Tage später erfahren. Ich ging Kräuter sammeln, und auf dem Weg dorthin mußte ich einen kleinen Bach durchqueren. Normalerweise liegt da immer ein Brett, aber diesmal war es nicht da. Also sagte ich zu den Steinen im Wasser: »Seid so nett und bringt mich trockenes Fußes hinüber. Aber schon der erste Stein ließ meinen Fuß abrutschen, und ich saß bis zum Bauch im Wasser. Da lachten die Steine wieder, sie hatten sich einen dummen Scherz mit mir erlaubt. Das kann schon mal vorkommen. Steine benehmen sich ab und an wie kleine Kinder, und sie freuen sich diebisch über solche Aktionen. Ich schimpfe nicht. Denn dadurch zeigen sie mir, daß sie mich als einen der ihren akzeptieren.

In der Schwitzhütte habe ich immer einen Gegenstand des Patienten bei mir, für den ich gerade bete. Ich halte diesen Gegenstand – etwa ein Schmuckstück, oder ein einfaches Hemd – über den aufsteigenden Rauch der glühenden Steine. Die Geisthelfer wissen dann alles über den Besitzer. Die Steine erzählen mir nun, wie ich den Kranken zu behandeln habe. Am nächsten Morgen gehe ich zu ihm und singe das Lied, das die Steine mir erzählt haben.«

Mi-e kakelwa i-e
trunkate pektawa i-e
mi-e kakelwa i-e
he-o

Hena we jelo
hena we je
hea wanka ki heno we
he-o

Ina scheo
he wane jankinkte
O-o tschare – topa-tscha

Hena we jelo
hena we je
hea wanka ki heno we
he-o

Mi-e kakelwa i-e
trunkate pektawa i-e
mi-e kakelwa i-e
he-o

Ina scheo
he wane jankinkte
Tratra-ka wa

Hena we jelo
hena we je
hea wanka ki heno we
he-o

Hiha-gleshka wa
he wane jankinkte lo he-o
Ina scheo
He wane jankinkte lo he-o

Großvater, ich danke dir.

Ich bin an einem Ort gewesen,
den niemand je betreten hat.
Ich bin im Heim der Heiligen Steine gewesen,
in das kein Mensch einzutreten wagt.
Ich bin beim Heiligen Lebensstein gewesen.

Sie haben mir all dies gegeben, das heilig ist:
Die Büffelnation – sie behütet mich voller Liebe
und Mitgefühl.

Die Hirschnation, die sich selbst immer wieder
neues Leben gibt – sie schaut zu mir her.
Der Schwarzschwanzhirsch – er sieht mich
und gibt mir meinen Segen.
Die Eulennation der Dunkelheit – sie ist bei mir,
wenn wir unsere Zeremonien abhalten.
Sie alle wurden mir gegeben zur Begleitung
auf meinen Weg.
Sie sind heilig.

Männer und Frauen

Die Schwitzhütte war früher ein Reinigungsritual, das nur den Männern vorbehalten war. Die Frauen reinigten sich durch ihre Menstruation. Da der Mann keine solch natürliche Reinigung hatte, mußte er in die Schwitzhütte. In der moderneren Zeit griff die Schwitzhütten-Bewegung auch auf die Frauen über. In den Reservaten werden bei Sonnentänzen und anderen Zeremonien auch Schwitzhütten-Rituale für Frauen abgehalten – mit einer Zeremonienleiterin. Meist ist das die Tochter eines Medizinmannes, die von ihrem Vater die Gebete und Gesänge gelernt hat. Gemischte Schwitzhütten wie bei uns in Deutschland üblich, sind bei den Indianern noch selten. Die Lakota würden auch nie nackt in die Schwitzhütte gehen. Die Frauen tragen meist ein dünnes, knöchellanges Hemdchen, die Männer Shorts.

In Deutschland ist Joachim Irmer (siehe Adresse im Anhang) der einzige autenthische Lakota-Schwitzhüttenleiter. Als aktiver Sonnentänzer und Schüler von Archie Fire Lame Deer (Sohn von Tahca Ushte), erhielt er die Berechtigung, in Deutschland Schwitzhütten nach alter Lakota-Tradition zu leiten. Joachim veranstaltet getrennte und gemischte Schwitzhütten-Zeremonien. Ich persönlich ziehe die gemischte Hütte vor. Die weibliche Energie in diesem kleinen Raum ist stark spürbar und sie tut uns Männern sehr gut. Sie macht Männer weicher und empfänglicher für Tränen und Gefühle des Herzens.

Archie Fire Lame Deer sagt in seinen Seminaren und Workshops, daß er es nie zulassen würde, daß Frauen und Männer gleichzeitig in einer Hütte sitzen, noch dazu nackt. »Meine Religion ist eben nicht für alle, und ich werde sie nicht ändern, um es fremden Leuten recht zu machen. Das Inipi ist eine religiöse Zeremonie.« Es gibt genügend Beispiele dafür, daß selbsternannte Schamanen und Zeremonien-Leiter das Schwitzhütten-Ritual zu einem sexuell ausgerichteten Ritus umwandelten. Archie Fire Lame Deer betont aber immer wieder: »Es darf nicht einmal der geringste Verdacht aufkommen, daß so etwas in unserer Schwitzhütte geschehen könnte. Es würde unsere Rituale und unsere Religion in Verruf bringen.«

Tratranka uamani-e
Ate he-elo ate he-elo
Maku tschewa waschte
tschitschu pitscha
jani pinkte lo
Ate he-lo ate he-elo.

Tratranka uamanie-e
Ate he-elo ate he-elo
Tschanupa wa
tschitschu pitscha
jani pinkte lo
Ate he-elo ate he-elo.

Schaut, das Büffelvolk wandert.
Der Großvater gab uns
diese schöne Erde,
auf der wir leben dürfen.

Er sagte: Ihr werdet Kinder bekommen
und die Erde und ihre Kinder respektieren.

Das sind die Lehren des Großen Geistes.
Das sind die Lehren unseres Großvaters.

Schaut, das Büffelvolk wandert.
Der Großvater gab uns
die Heilige Pfeife,
sie verbindet uns
mit dem Herzen der Erde.
Mit der Pfeife dürfen
wir um alles bitten, was wir brauchen,
und alles wird uns gegeben werden.
Das sind die Lehren des Großen Geistes.
Das sind die Lehren unseres Großvaters.

Es wird heiß

Das Feuer ist heruntergebrannt, die Steine glühen. Als erster betritt der Zeremonienleiter die Hütte. Er geht im Uhrzeigersinn um das Loch in der Mitte, setzt sich rechts neben den Eingang. Er richtet seine Sachen her. Pfeife, Kräuter, Rassel, Trommel, Horn und den Stock, mit dem er die Steine in der Grube ordnet. Viel besser als ein Stock eignet sich dazu das Geweih eines Hirsches. Es ist hart und kann nicht anbrennen. Außerdem ist das Geweih wakan, es ist heilig.

Nach dem Leiter folgen die Teilnehmer. Sie gehen erst einmal um die Hütte herum, kriechen dann auf allen Vieren durch die kleine Tür. Das hat etwas mit Demut zu tun. Man begrüßt die Hütte mit »Mitakuye Oyasin«, folgt dann dem Lauf der Sonne. Der erste Teilnehmer setzt sich rechts neben den Zeremonienleiter und so weiter, bis sich der Kreis schließt und der letzte Teilnehmer links neben der Tür seinen Platz findet. Er fungiert als Gehilfe des Hüttenleiters. Das Innere der Hütte, rund um die Grube, ist mit Salbei oder Stroh ausgelegt, man muß also nicht auf der nackten Erde sitzen. Jeder kann natürlich auch ein Handtuch mitnehmen; das ist sogar empfehlenswert. Wenn es nämlich sehr heiß wird, kann man sich mit dem Handtuch vor dem Dampf schützen. In Amerika sitzen die Indianer auf Salbei, das dort wie Gras auf den Feldern wächst.

Jeder Teilnehmer hat in der Hütte seinen Platz gefunden. Er wurde nicht zufällig gewählt, jeder sitzt dort, wo er sich am wohlsten fühlt. Denn jeder Platz in der Hütte hat seine Bestimmung und seinen Sinn. Oft ist es in dem kleinen Zelt so eng, daß die Teinehmer dicht zusammenrücken müssen. Da kann stundenlanges Sitzen zur Qual werden. Die Füße sind meist an den Oberkörper gezogen, für einen Lotussitz fehlt der Platz. Mit der Zeit fängt der Rücken zu schmerzen an, die Möglichkeiten sich zu drehen oder sich gar hinzulegen sind gering. In diesen Momenten gibt man sich ganz Tunkashila hin. »Tunkashila pilamaja, Großvater ich danke Dir.« Alle Gedanken sind abgeschaltet, man spürt nur die Hitze und die Energie von Spirit-Großvater. Wird die Hitze schier unerträglich, hilft nur tiefes Beten.

Stellen Sie sich das einmal vor: 15 bis 20 sich mehr oder minder fremde Menschen sitzen halbnackt in einem kleinen Rundzelt. Jeder hat körperlichen Kontakt mit seinen Nachbarn zur rechten und zu linken Seite. Es ist stockdunkel, es ist heiß, die Haut brennt und der Rücken schmerzt. Die Leute singen und beten, der kleine Raum ist erfüllt von tiefem Frieden und dem Spirit von Wanblee Gleshka, dem gefleckten Adler. In diesen Stunden liegt das Schicksal von Mutter Erde und ihren Kindern in dieser kleinen Schwitzhütte. Könnte jeder Mensch diese Erfahrung machen, es gäbe weniger Kriege und weniger Gewalt. Es gäbe Nächstenliebe statt Mobbing, Dankbarkeit statt Korruption, Demut statt Habsucht und Raffgier.

Hokschila tschea i-a jajo
Wanblee gleshkawa
Ekt-sche wetscha schake
Tschechpi komo jankelo
Hokschila tschea i-a jajo
Taku waka wanitsche.

Mein Freund, gehe weiter auf deinem Weg.
Weine, denn nichts, was du dir selbst erschaffst,
ist heilig.
Heilig ist der Adler, der über dir fliegt.
Verbinde dich mit ihm
und verbinde dich mit der Erde
so wie es die traditionellen Menschen
immer getan haben.

Höre auf die Botschaft des Adlers
und auf die Stimme der Mutter Erde,
denn sie sind vom Schöpfer geschaffen.
Du brauchst sie für deine Spiritualität,
denn was du dir selbst erschaffst
ist nicht heilig.
Weine und gehe weiter.

Die glühenden Steine werden durch die sogenannten Feuerleute in die Hütte gebracht. Das sind Frauen oder Männer, die das Feuer hüten. Sind die Steine reif, holen sie sie mit einer Forke aus den Heiligen Flammen und tragen sie zur Tür. Dort lassen sie die Steine mit einem »Mitakuye Oyasin« sanft in die Grube gleiten. Jeder Stein wird von den Teilnehmern mit einem lauten »hou, hou« begrüßt. Liegen die ersten sechs oder zwölf Steine in der Grube, bittet der Leiter um das Heilige Wasser. Es ist klares Leitungswasser in einem Eimer, das vorher gesegnet wurde. Dann schließt einer der Feuerleute die Türklappe. Jetzt ist es stockdunkel. Der Schwitzhütten-Leiter wirft Kräuter, Salbei und Süßgras auf die glühenden Steine. Funken sprühen, ein würziger Geruch breitet sich in der Hütte aus. Die Dunkelheit umhüllt die Teilnehmer wie ein Schleier. Die Dunkelheit macht alle Menschen in der Schwitzhütte gleich. Es sind die Minuten der Ruhe und des sich Besinnens. Man hört das Pochen seines Herzens, spürt die spirituellen Kräfte, die in diesem dunklen Raum zu einer Einheit zusammenschmelzen. Es ist warm und trocken, und die rotglühenden Steine werfen nur ein ganz zartes Licht ohne Schatten.Obwohl soviele Leute in der Schwitzhütte sitzen, ist dort jeder für sich allein. Oft kommen bei den Teilnehmern versteckte Ängste hoch. Sie fangen zu weinen an. Niemand sollte sich seiner Tränen schämen. »Tränen kommen aus deiner Seele«, sagt Großvater. »Glück oder Leid wird sichtbar.« In der Schwitzhütte weinen Frauen und Männer, da gibt es keinen Unterschied.

Einmal fing eine junge Frau ganz bitterlich zu weinen an. Es war in einer Schwitzhütte, die Joachim Joe Irmer leitete. »Laß es fließen«, sagte er zu ihr, erzähle deinen Kummer den Steinen. Sie hören dir zu und werden dir Trost und Hilfe geben.« Die junge Frau erzählte mit stockender Stimme, daß sie als Kind von ihrem Vater sexuell mißbraucht wurde. Sie erzählte ihre ganze traurige Geschichte. Sie wurde zwischendurch immer wieder von Weinkrämpfen geschüttelt, aber es war ein befreiendes Weinen. All die Jahre hatte sie dieses schlimme Geheimnis mit sich herumgetragen, hatte nie jemanden etwas davon erzählt. In der Schwitzhütte kam alles heraus. Die Heilige Kraft hatte ihr mühsam aufgebautes Schutzschild durchschlagen und ihre kranke Seele nach außen gekehrt. Ich weiß nicht, was aus der jungen Frau geworden ist. Aber ich hoffe, daß sie die Chance beim Schopf gepackt hat und mit der Zeit ihre ganze Seele heilen konnte.

Die Schwitzhütte kann auch heilend für Menschen sein, die an Asthma leiden oder lungenkrank sind. Der Dampf, der sich wohltuend im Körper ausbreitet, ist der Atem Tunkashilas. Einmal saß neben mir ein junger Mann, der schon schwer atmete, als die Türklappe noch offen war. Kaum umhüllte uns die Dunkelheit und Joe goß das erste Wasser auf die glühenden Steine, bekam mein Nachbar Angstzustände. »Ich bekomme keine Luft, ich muß sterben«, keuchte er. Er fing immer heftiger zu atmen an, schrie in seiner Angst. Joe sprach ganz beruhigend auf ihn ein. »Ich will hier raus, ich kann nicht mehr«, japste er. Dann fing er zu weinen an. Ich nahm ihn in den Arm, legte seinen Kopf auf meine Beine, streichelte ihm über die Haare. »So schnell stirbt man nicht«, sagte ich, »und schon gar nicht in der Schwitzhütte. Tunkashila und die Steine hätten da sicher etwas dagegen. Die Schwitzhütte soll neues Leben in dir entflammen und nicht töten.« Langsam wurde der junge Mann ruhiger, er atmete nicht mehr so hektisch. Dann richtete er sich sogar wieder auf, hielt bis zum Schluß durch. »Das Schwitzhütten-Ritual hat mein Leben verändert«, erzählte er später. »Ich hatte immer furchbare Angst vor der Dunkelheit. Mein ganzer Körper verkrampfte sich dabei, die Folge waren schwere Atemprobleme. Zum Schluß mußte ich krampflösende Medikamente schlucken. Das ist jetzt vorbei. Der Dampf und die Gebete der anderen Teilnehmer haben mich gesund gemacht, ich bin allen unendlich dankbar.«

In einer guten Schwitzhütte spürt man, wenn die Geister anwesend sind oder wanblee gleshka, der gefleckte Adler durch die geschlossene Türe kommt. Sind die Geister in der Hütte, dann hat man alles richtig gemacht. Da kann es schon passieren, daß das Zelt plötzlich voller Tiere ist. Sie spazieren einfach quer über die glühenden Steine. Elefanten, Nashörner, kreischende Vögel, Bären und Wölfe, Kojoten, Büffel und viele andere mehr. Jeder macht seine eigenen Erfahrungen. Es kann auch passieren, daß plötzlich wildfremde Menschen in der Schwitzhütte auftauchen; oft nur für Sekunden. Einmal saß neben mir ein in Deutschland sehr bekannter Rocksänger. Er sah sich in der Runde um, in seinen Augen lag ein Ausdruck von Verwunderung und Neugierde. So, als wolle er sagen: »Hilfe, wo bin ich denn hier gelandet.« Er schaute kurz zu mir, dann verschwand er wieder. Ich hatte leider nie die Gelegenheit ihn zu fragen, was er in dieser Nacht ausgerechnet in meiner Schwitzhütte wollte.

Eine volle Schwitzhütte bietet auch eine gute Gelegenheit, die Scheu vor anderen Menschen zu verlieren. Es ist oft so eng da drinnen, daß man zwangsläufig mit seinem Nachbarn in körperlichen Kontakt kommt. Die Schwitzhütte ist die Kirche der Indianer. Stellen Sie sich einmal vor, sie würden halbnackt in einer Kirche zum Gebet erscheinen.

Ein Reinigungs-Ritual besteht traditionell aus vier bis sechs Türen. Das heißt, die Klappe wird während des Rituals viermal oder sechsmal geöffnet, um frische Luft in die Hütte zu lassen. Eine Heilzeremonie dagegen hat bis zu 24 Türen. Joachim Joe Irmer veranstaltet meist Schwitzhütten mit 16 Türen. Er teilt die Zeremonie in vier Abschnitte ein. 1: Die körperliche Reinigung. 2: Die geistige Reinigung. 3: Die emotionale Reinigung. 4: Die spirituelle Reinigung. Nach jedem Abschnitt kriechen die Teilnehmer aus der Hütte, um eine kleine Pause einzulegen. Draußen stehen Getränke bereit. Mineralwasser und Salbeitee. Eine 16-Türen-Zeremonie dauert insgesamt rund fünf Stunden, wobei eine Stunde für Pause eingerechnet ist.

Die Länge einer Zeremonie bleibt jedem selbst überlassen. Auch die Anzahl der Türen, sie muß sich nur durch vier teilen lassen. Ebenso die Anzahl der glühenden Steine. Die Schwitzhütte symbolisiert die Gebärmutter von Mutter Erde. Der Mensch kriecht hüllenlos auf allen Vieren in den dunklen Schoß, betet und leidet im heißen Dampf. Gereinigt kriecht er auf allen Vieren aus der dunklen Höhle. Er wird dadurch neu geboren. Ist die Zeremonie zu Ende, wäscht man sich mit kaltem Wasser den heißen Körper ab. Anschließend gibt es noch ein Festessen. Jeder Teilnehmer hat etwas mitgebracht. Brot, Quark, Käse, Obst. Dann wird geschlafen. Am nächsten Morgen veranstaltet Joe immer noch das Feedback. Die Teilnehmer sitzen im Kreis und jeder erzählt, wie er die Schwitzhütte erlebt hat.

Joachim Irmer sieht sich als Mann der Erde. »Es ist meine Art der Erde zu dienen. Diesem Planeten gehört Achtung und Respekt. Es kann nicht angehen, daß wir unseren nächsten Generationen nur Chaos und Müll hinterlassen. Wir müssen wieder lernen, Mutter Erde zu lieben. In der Schwitzhütte kommen wir mit ihr so eng in Kontakt, daß es gar nicht ausbleibt, Gefühle der Liebe und Hingabe für sie zu entwickeln. Und außerdem tun wir Menschen etwas für unsere Gesundheit, wenn wir in der heißen Hütte beten.«

Sollten Sie selbst mal eine Schwitzhütte bauen wollen, im Anhang erkläre ich Ihnen, was Sie dabei beachten sollten.

Die Visionssuche

Neben dem Sonnentanz ist die Visionssuche die größte spirituelle Herausforderung der Lakota. Wenigsten einmal in seinem Leben sollte jeder Lakota auf den Berg gehen, um eine Vision zu erflehen. Heilige Männer, wie mein Großvater, besteigen den Berg ein bis zweimal im Jahr, um vier Tage lang zu beten und zu fasten. Wer auf den Berg geht, sucht die Hilfe höherer Mächte. Lakota flehen auf dem Hügel um eine Vision. Archie Fire Lame Deer erzählt in seinen Seminaren: »Das Erflehen einer Vision ist der Beginn unserer Religion. Das ist kein Spaß, keine Freizeitbeschäftigung, das ist eine heilige, ernste Angelegenheit. Es ist ein Traum von oben – eine Vision macht dich zu einem anderen Menschen. Ein Lakota, der noch keine Vision empfangen hat, ist ein armer Mensch. So haben schon meine Großväter gedacht und danach gehandelt. Es ist wie bei den Propheten in der Bibel, wie bei Jesus Christus, der in der Wüste fastet und betet. Eine Vision bedeutet, Stimmen ohne Ton zu hören, Menschen und Tiere mit dem Herzen und dem Geist zu sehen, nicht mit den Augen. Weiße Männer haben das verlernt. Die Kelten, die vor Tausenden von Jahren hier lebten, die hatten auch Visionen. Ihre Medizinmänner, die Druiden, konnten ihr Wissen um die Vision nicht weitergeben. Der Gott der Weißen spricht nicht mehr aus einem brennenden Busch. Wenn er das täte, würden selbst die Prediger nicht glauben. Sie würden sagen: Eine Stimme aus einem brennenden Busch? Dieser Mann hat zuviel LSD genommen. Doch wir geben die Hoffnung nicht auf. Wer heute auf Visionssuche geht, muß wissen, auf was er sich da einläßt. Es ist eine harte Prüfung. Aber die Hoffnung, daß es auch die Weißen begreifen, ist da. Wir Indianer können die Wüste wieder zum Blühen bringen.«

Nach alter Lakota-Tradition dauerte eine Hanblecheyapi vier Tage und vier Nächte. Einer der beliebtesten Visions-Plätze der Lakota war der majestätische Bear Butte, westlich von Rapid City in den Black Hills. Der Visions-Suchende war weiß bemalt und von einem erfahrenen Medizinmann begleitet, der am Fuß des Berges für ihn betete. Für die nächsten vier Tage war der Suchende allein – ohne Essen und Trinken. Nur vertieft im Gebet mit seiner Pfeife. Heute sind es nicht mehr so viele, die vier Tage und Nächte auf dem Berg durchhalten. Großvater schon, andere Heilige Männer auch, und Menschen, die den traditionellen Weg der Lakota gehen.

Wer diesen Weg beschreitet, muß einem Sonnentänzer oder einem Heiligen Mann eine gestopfte Pfeife überreichen und sagen: »Ich bin bereit, ich möchte eine Vision erflehen.« Wird die Bitte akzeptiert, gibt es kein Zurück. Das ist ein Gelübde, aus dem sich der Betroffene nicht mehr befreien kann. Er hat jetzt ein Jahr Zeit, sich auf die Visionssuche vorzubereiten. Er kann den Platz, an dem er vier Tage und Nächte ausharren will, selbst bestimmen. Ich kenne einen jungen Mann, der sich die Bad Lands in Süd-Dakota für den Ort seiner Visionssuche aussuchte. Eine harte Prüfung, denn dort leben noch Berglöwen und Klapperschlangen. Für die traditionelle Visionssuche bittet man um zwei Helfer, die am Fuße des Berges für einen beten. Unabhängig davon, ob ein Medizinmann anwesend ist. Wer auf Visionssuche geht, hat immer eine Frage, die er an Tunkashila richtet. Die Frage wird auf irgendeine Art und Weise beantwortet werden.

Einem Stadtmenchen, dem die Natur wild und unheimlich vorkommt, rate ich von einer viertägigen Visionssuche nach Lakota-Art ab. Ich empfehle einen Tag und eine Nacht oder höchstens zwei Tage und zwei Nächte auf den Hügel zu gehen. Später kann man dann die Suche auf drei oder vier Tage verlängern. Das Wichtigste ist, daß jeder, der auf den Berg geht, um dort zu fasten und zu beten, es mit dem nötigen Respekt tut. Dies ist kein Überlebenstraining für Abenteurer, die auf der Suche nach dem besonderen Kick sind. Wie die Schwitzhütte auch, ist die Visionssuche eine spirituelle Handlung, mit der man keine Späße treibt.

Für die Visionssuche benötigen Sie einen Platz, an dem Sie völlig ungestört sein können. Sie sollten die nächsten Tage und Nächte allein mit Mutter Erde verbringen können. Allein mit den vier Winden, den Sternen am nachtblauen Himmel, allein mit Ihren Gedanken und mit Ihrer Seele, die dann vielleicht irgendwo zwischen den Welten und Zeiten baumelt.

Diese Erfahrungen sollte man alleine machen, eine Gruppe wirkt störend. Um sich auf die Begegnungen mit den Kräften von Tunkashila einzustimmen, sollten Sie zu Hause vorab wieder 405 Tabakbeutelchen drehen. Das müssen Sie nicht unbedingt alleine tun, Sie können gute Freunde fragen, ob sie dabei helfen wollen. Erzählen Sie ruhig, was Sie vorhaben. Wie für die Schwitzhütte auch, werden die Beutelchen an einen roten Faden geknotet. Wickeln Sie die 405 Tabakbeutelchen zu einer bunten Kugel zusammen. Was Sie noch benötigen sind vier Stoffahnen in den Farben der vier Himmelrichtungen – rot, gelb, weiß und schwarz sowie vier, etwa einen Meter hohe Holzstöcke.

Der Visionsplatz

Kennen Sie einen Platz, an dem Sie zwei Tage und zwei Nächte lang ungestört sein können? In einem öffentlichen

Park ist das sicherlich schwer möglich. Ich gehe an stürmischen Herbsttagen gerne in die Lüneburger Heide. Da treffe ich nur noch vereinzelt auf Spaziergänger. Im Sommer besteige ich die Berge in meiner österreichischen Heimat, der Steiermark. Dort gibt es soviele Gipfel, auf denen ich herrlich alleine sein kann. Und dann natürlich in den Reservaten meiner indianischen Freunde, wo es viele wunderschöne Visionsplätze gibt. Aber Sie müssen deshalb nicht gleich nach Amerika reisen. Sicher gibt es in Ihrer näheren Umgebung auch Hügel und Berge, wo Sie Ihren Platz finden. Bei kühlem Wetter nehmen Sie eine Decke mit oder sogar einen Schlafsack, er kann Ihnen gute Dienste leisten. In höheren Lagen kann es auch im Sommer recht kühl werden. Und nichts ist schlimmer als die Kälte, die durch die Kleidung kriecht und den ganzen Körper abkühlt. Besonders wenn man ruhig sitzt und sich kaum bewegt. Dann ist es unmöglich, sich auf das Gebet zu konzentrieren.

Haben Sie Ihren Platz gefunden, machen Sie sich mit ihm vertraut. Gehen Sie kurz die nähere Umgebung ab, begrüßen Sie die Pflanzen und Tiere. Dann stecken Sie den Visionsplatz mit den vier Holzstücken ab. Er sollte etwa 1,20 bis 1,80 Meter lang und 2 bis 2,40 Meter breit sein. Befestigen Sie die vier Stoffahnen an je einem Pflock. Die Fahnen symbolisieren die vier Himmelsrichtungen. Jetzt nehmen Sie die zur Kugel aufgerollten Tabaksbeutelchen und spannen den Faden um die vier Holzstöcke. Wenn Sie damit fertig sind, sieht Ihr Visionsplatz aus wie ein kleiner Boxring. Die Indianer nennen diesen »abgezäunten« Platz auch das Bett. Machen Sie sich mit Ihrem Bett vertraut, es wird für die nächsten zwei Tage und Nächte Ihr Zuhause sein. Ihr Gebetstempel unter freiem Himmel.

Sollten Sie eine Pfeife besitzen, plazieren Sie sie an das westliche Ende des Bettes. Am besten liegt die Pfeife auf zwei gegabelten Ästen, die in der Erde stecken. Haben Sie keine Pfeife, tut es auch ein Kristall oder ein Stein, den Sie beim Aufstieg am Wegesrand finden. Steine sind gerne Begleiter und Hüter bei Zeremonien.

Spirit-Großvater beschützt Sie

Nehmen Sie sich fest vor, in den nächsten zwei Tagen nichts zu essen und zu trinken. Das Fasten ist bei der Visionssuche eine zeremonielle Handlung. Es schärft Ihre Sinne und macht die Seele freier und empfänglicher für Träume, außernatürliche Wahrnehmungen oder gar für Visionen. Die Lakota liegen vier Tage und vier Nächte in einer Visionsgrube – wie lebendig begraben. Diese Art der Suche will ich Ihnen ersparen. Setzen Sie sich bequem auf den Schlafsack oder auf eine Decke. Sollte der Boden sehr feucht sein, eignet sich am besten eine Folienmatte.

Jetzt sind Sie ganz allein mit Mutter Erde, Vater Himmel, den Tieren und Geist-Großvater. Nach meinen Erfahrungen ist es für die ersten Stunden ganz hilfreich, erst einmal die Natur auf sich wirken zu lassen. Ich schaue mir dann jeden Baum, jeden Strauch, jede Blume und jeden Grashalm ganz genau an. Ich versuche die Aura jeder Pflanze zu spüren und zu ertasten, ich suche nach kleinen Tieren, die auf meinem Platz herumkriechen. Es sind Ameisen, Käfer, Insekten, vielleicht eine Maus oder eine Schlange. Ich begrüße jedes Tier, erzähle ihm eine Geschichte. Ich halte nach den Vögeln Ausschau, die über meinen Platz fliegen. In der Heide und auch in den Bergen kommt es vor, daß immer wieder Greifvögel über meinen Platz kreisen. Meist sind es Bussarde oder Habichte, ab und zu auch ein Falke oder ein Milan. Für mich ist das ein gutes Zeichen. Greifvögel sind meine Krafttiere, sie sind Mittler zwischen mir und den Geistwesen. Wenn die majestätischen Vögel angeschwebt kommen, ist das ein Zeichen, daß ich willkommen bin.

Wenn Ihnen danach ist, beten Sie. Richten Sie Ihre persönlichen Worte zu Tunkashila, dem Großen Geist, dem Spirit-Großvater. Erzählen Sie ihm, was Sie bewegt, welche Sorgen Sie drücken. Reden Sie sich alles von der Seele, Großvater hat immer ein offenes Ohr für Sie. Es gibt keinen Plan für eine Visionssuche, keine Checkliste oder Anleitung. Sie ganz allein bestimmen Ihren Rhythmus. Wenn die Sonne am Horizont untergeht, können Sie sich bei ihr für den schönen Tag bedanken. Sie können auch ein Gebet sprechen, das bleibt ganz Ihnen überlassen. Wenn Sie müde sind, dann schlafen Sie. Zwei Tage und zwei Nächte auf einem kleinen Platz zu verbringen, und das noch dazu ganz alleine, ist eine große Herausforderung an Körper und Geist. Es ist eine neue Erfahrung die Sie machen, Sie erleben die Zeit in einer anderen Dimension. Wenn mich der Hunger oder der Durst plagt, dann bete ich intensiv. Wie in der Schwitzhütte, wenn der heiße Dampf meine Haut rötet. Ich versuche einfach, den Hunger wegzubeten. Sie werden sehen, das funktioniert bestens. Intensives Beten hilft auch gegen die Angst. Es wird nicht ausbleiben, daß Sie nachts auf jedes Geräusch achten und beim Knacken eines Astes aus dem Schlafsack fahren; das ist ganz natürlich. Sollten Sie generell ein etwas ängstlicher Mensch sein, eine Visionssuche ist dafür die beste Therapie. Beten Sie und vertrauen Sie sich Spirit-Großvater an, er wird über Sie wachen. Das dürfen Sie mir ruhig glauben – ich weiß es.

Sollten Sie an einer Krankheit leiden, besprechen Sie Ihr Problem mit den Mächten der Höheren Wesen. Erzählen Sie ihnen, warum Sie diese Krankheit gerne los sein wollen und welches Opfer sie dafür bringen wollen. Die Lakota geben bei Heiligen Zeremonien ihr eigenes

Fleisch. Sie schneiden kleine Stücke als Opfergabe heraus. Das will ich Ihnen nicht zumuten. Aber Sie können Spirit-Großvater anbieten, im Falle einer Heilung oder Linderung in Ihrer Freizeit Kranke zu pflegen, in einem Kinderheim auszuhelfen oder für alte Menschen einkaufen zu gehen. Es kann auch eine Geldspende für Projekte in der Dritten Welt sein. Es gibt viele Möglichkeiten Opfer zu bringen. Ich finde, das ist doch ein fairer Handel, oder? Mein Lakota-Großvater sagt: »Alles, was du von Herzen gibst, kommt im Kreis des Universums wieder zu dir zurück. Wer Geld gibt, der wird Geld erlangen. Wer Güte und Liebe gibt, der wird Güte und Liebe empfangen. Das ist ein spirituelles Gesetz.«

Wer mit Tunkashila über seine Krankheiten spricht, sollte genau auf seine Träume achten und sie am nächsten Morgen sofort niederschreiben. In den Träumen können oft wichtige Botschaften versteckt sein. Ich kenne eine 40jährige Frau, die immer Probleme mit ihren Eierstöcken hatte. Ihr Arzt wollte die Eierstöcke schon mehrmals operativ entfernen. »Dann haben Sie endlich Ruhe«, sagte er. Manuela ging lieber auf den Berg, um zu fasten und zu beten. Gleich in der ersten Nacht erschien ihr im Traum ein wildfremder Mann. Sie träumte von Afrika und wilden Tieren und immer wieder tauchte dieser Mann auf. Er sagte nie ein Wort, nur einmal erwähnte er einen Namen. Manuela notierte sich am nächsten Morgen den Namen des Mannes und versuchte, sein Gesicht so gut wie nur möglich nachzuzeichnen. Ein paar Wochen später spazierte sie durch eine Wohnstraße, in der sie zuvor noch nie gewesen war. Da fiel ihr Blick auf ein Namensschild, das an einem der Häuser angebracht war. Darauf stand der Name aus ihrem Traum. In dem Haus befand sich die Praxis eines Heilpraktikers. Sie klingelte – und vor ihr stand der Mann, den sie im Traum gesehen und dessen Gesicht sie gezeichnet hatte. Er heilte sie –

ohne Operation. »Diese Träume kommen direkt von Tunkashila«, erklärt Großvater. »Er hat die Gebete dieser Frau erhört und sofort geholfen. Das ist aber nicht die Regel. So ein Traum kann Tage oder gar Wochen auf sich warten lassen.

Visionen

Wenn die erste Nacht vorbei ist, freuen Sie sich auf den Sonnenaufgang. Begrüßen Sie die Sonne, wie es mein Großvater jeden Tag macht. Genießen Sie diesen Augenblick, wenn sich der Feuerball langsam in den Himmel schiebt, spüren Sie die Sonnenstrahlen auf ihrer Haut, freuen Sie sich auf einen neuen Tag. Strecken Sie Ihre Pfeife oder Ihren Stein der Sonne entgegen und beten Sie:

»Sonne, ich danke dir, daß du
uns auch heute mit deinem Licht
Wärme und Energie spendest.
Ich danke dir für diesen herrlichen
Morgen. Wärme meinen Körper
und laß mein Herz im Inneren
erstrahlen. Wecke all die Tiere
und Pflanzen um mich herum
aus ihrem Schlaf, schenke ihnen
einen schönen Tag.
Liebe Sonne, schick den Menchen
Frieden und zaubere ihnen ein
Lächeln in ihr Gesicht. Laß sie
all das Schlimme und Böse
vergessen und beschütze
die Kinder auf der ganzen Welt.
Laß uns einen lustigen Tag haben.«

Visionen sind keine Träume, Visionen sind Wirklichkeit. Sie schlafen nicht, Sie sind hellwach dabei. Das ist der Unterschied zwischen einer Vision und einem Traum. Sie sitzen auf Ihrem »Bett« und plötzlich taucht vor Ihnen ein Mensch auf, oder ein Tier. Sie hören Stimmen, es passieren unerklärliche Dinge. Visionen sind Bilder, die vor Ihren Augen ablaufen, als wären sie real. Mein Großvater sagt: »Visionen sind Spiegelbilder unserer spirituellen Urkräfte. Es sind erlebte Momente, die uns in einer anderen Bewußtseinsebene begegnen. Visionen sind aufgeschlagene Seiten deiner Seele, aus denen du lesen und lernen kannst. Visionen sind sichtbar gewordene Kräfte deiner Selbstheilung.«

Abb. 14: Ein junger Lakota auf Visionssuche.
Ihm erschien Wanblee gleshka, der gefleckte Adler. Der Spirit-Vogel sitzt auf den Schultern des Indianers.

Fasten und beten. Unser Fasten beschränkt sich im allgemeinen darauf, zwischen 18 und 20 Uhr keine Schokolade und keine Kartoffelchips mehr zu essen. Oder die wohlbeleibten Gurus unserer Wohlstandsgesellschaft verschwinden für ein paar Tage in einem Luxus-Sanatorium, um das Fett der letzten Speckknödel und Saumägen aus ihren Körpern zu schwemmen. Ihre Visionen beschränken sich in diesem Falle auf die nächste Suppe und auf den nächsten Teller voll mit Sauerkraut und Schweinebraten. Nach der Fastenkur lassen sie ihre Visionen dann Wirklichkeit werden. Tunkashila hat das so nicht gewollt. Fasten und beten, so wie es die Lakota uns lehren, ist heilig.

Es gibt auch Weiße, die auf dem Berg Visionen haben. Ich möchte Ihnen zwei Geschichten erzählen.

Einer sehr lieben Freundin von mir, Eva, erschien ihre verstorbene Tochter. Die Kleine war mit drei Jahren von einem Auto überfahren worden. Und dann, drei Jahre später, spazierte das Mädchen über den Visionsplatz ihrer Mutter. »Stefanie war wirklich bei mir«, erzählte mir Eva. »Ich konnte sie anfassen, ich spürte ihre zarte Haut, ich strich ihr über die blonden Locken. Sie sprach kein Wort mit mir. Aber aus ihrem Lachen zog ich den Schluß, daß sie sehr glücklich sein mußte. Stefanie tanzte um mich herum, so, wie sie es früher getan hat. Sie setzte sich auf meinen Schoß, schaute mir tief in die Augen. Ich weinte vor Glück. Ich wollte sie einfach nicht mehr loslassen. Für Momente dachte ich, Stefanie sei von den Toten auferstanden. Aber dann entglitt sie wieder meinen Händen und löste sich ganz langsam auf. Zum Schluß sah ich nur noch ihr Gesicht. Sie lachte und zwinkerte mir zu. Nach ein paar Sekunden war auch das Gesichtchen verschwunden. Eine kleine zarte Wolke schwebte zum Himmel empor. Ich legte mich nieder und weinte stundenlang. Danach ging es mir plötzlich besser. Ich wußte, daß es Stefanie gut geht, da, wo sie jetzt war. Ich habe dadurch meinen Frieden gefunden, auch mit dem Autofahrer, der meine Tochter auf dem Gewissen hat.«

Großvater erklärt Evas Vision so: »Diese Frau hat durch den Tod ihrer geliebten Tochter viel Leid ertragen müssen. Das Schlimmste aber für sie war die Ungewißheit. Die bange Frage, wie geht es ihr jetzt, gibt es ein Leben nach dem Tode, ist meine kleine Stefanie im Himmel? Tunkashila hat Eva die Antwort gegeben.«

Ein anderes Erlebnis hatte ein junger Mann, den ich im Reservat der Jicarilla-Apachen in New Mexico kennenlernte. Ergin stammte aus der Schweiz und war per Autostop quer durch Amerika unterwegs. Ich hatte gerade drei Tage und drei Nächte auf dem Berg verbracht, als er mir über den Weg lief. Wir kamen ins Gespräch, und ich erzählte ihm von meinen Erlebnissen auf dem Berg. Im Reservat der Jicarilla-Apachen gibt es einen sehr kraftvollen Visionsplatz. Es ist ein kleines Felsmassiv, um das sich vor 1000 Jahren die Anasazi-Indianer ansiedelten. Von den Anasazi stammen die heutigen Apachen, Navajos und Hopis ab. Ganz in der Nähe dieser wunderschönen Felsen liegt ein alter Indianer-Friedhof. Die Energie dieser längst ausgestorbenen Anasazi-Kultur ist dort auf jedem Quadratmeter spürbar.

Als Ergin von meiner Visionssuche erfuhr, fingen seine Augen zu leuchten an. »Kann ich da auch hoch?« fragte er spontan. »Natürlich, jeder kann da rauf, wenn er den Spirits der Anasazi mit Respekt begegnet.« Ergin erklärte sich sofort bereit, drei Tage und drei Nächte auf dem Hügel zu bleiben. Wir drehten zusammen die Tabakbeutelchen, er bereitete sich durch Meditationen auf das Fasten vor. Zwei Tage später führte ich ihn zu den Felsen, wo er sein »Bett« aufbaute.

Als ich Ergin nach drei Tagen abholte, fand ich ihn völlig geistesabwesend in seinem Schlafsack liegen. Er erzählte mir folgende Geschichte. »Es passierte in der zweiten Nacht. Ich habe geschlafen, als mich jemand an den Haaren zog. Ich schreckte aus dem Schlafsack hoch. Neben mir hockte ein Mensch, es war mein verstorbener Zwillingsbruder Raphael. Ich war wie gelähmt vor Schreck. ›He, du brauchst dich nicht fürchten‹, sagte er. ›Ich bin's doch bloß, dein Bruderherz. Schön, daß du endlich zu mir gefunden hast. Ich dachte schon, du hast mich ganz vergessen.‹

Ich streckte meine Hand aus, er saß leibhaftig neben mir. Ich konnte ihn berühren, ihm die Hand geben. ›Wie kommst du hierher?‹ fragte ich. ›Bruderherz, du hast mich gerufen, zum ersten Mal in all den Jahren. Ich war immer in deiner Nähe, aber du hast mich nicht gesehen. Heute ist es endlich passiert, du hast zu mir gefunden.‹«

Ergin erzählte mir später, daß sein Zwillingsbruder mit 14 Jahren in einem reißenden Bach ertrunken sei. »Wir zwei spielten dort immer. An jenem Tag wollte sich Raphael an einem Seil in die Tiefe lassen, um in eine Höhle zu gelangen, die unterhalb eines Wasserstrudels in den Felsen ging. Ich sollte das Seil festhalten, aber es glitt mir aus den Fingern. Raphael rutschte ab und ging unter. Er ertrank vor meinen Augen. Um nicht ständig daran erinnert zu werden, habe ich im Laufe der Jahre das schreckliche Erlebnis einfach verdrängt. Ich wollte einfach nicht mehr daran erinnert werden. Mein Bruder verschwand nach und nach aus meinen Gedanken. Aber auf dem Berg, als ich da so ganz allein saß, kam es plötzlich über mich. Ich mußte ständig an Raphael denken und betete ganz fest. Ich bat ihn um Verzeihung und flehte um ein Zeichen. Und dann hockte er plötzlich neben mir. Wir haben kaum etwas miteinander gesprochen, ich mußte ihn immerzu anschauen. Ich konnte das alles gar nicht glauben, aber er war wirklich da. Jetzt habe ich meinen Bruder nach all den Jahren wiedergefunden. Es ist ein wunderbares Gefühl.« Ergin blieb noch ein paar Tage im Reservat, dann zog es ihn weiter. Ich habe nie wieder von ihm gehört, aber ich hoffe, daß es ihm gut geht.

Natürlich hat nicht jeder auf dem Hügel so einschneidende Erlebnisse wie Eva und Ergin. Wer das erste Mal auf den Berg geht, der sollte sich keinem Erwartungsdruck aussetzen. Sie wollen ja kein Medizinmann werden. Für einen solchen allerdings war ohne Vision der Weg zu den heiligen Kräften des Universums verbaut. Wer keine Vision erfuhr, dem blieben die spirituellen Mächte verschlossen.

Wer sich nur auf seine Vision konzentriert, der kann lange darauf warten. Das Erlebnis, zu fasten und zu beten und das Glück zu spüren, einmal einen oder zwei Tage mit dem Schöpfer aller Dinge allein zu sein, lohnt alle Anstrengungen. Die Visionssuche ist für uns Weiße in erster Linie eine Zeremonie, die verborgene, spirituelle Kräfte wecken kann. Die Fragen, wer man ist und wo der Sinn im Leben liegt – auf dem Hügel kann man eine Antwort finden. Sie brauchen keinen Guru und keinen Vorbeter. Sie ganz allein haben die Kraft, über Ihr Glück und über Ihr Schicksal selbst zu bestimmen. Die Visionssuche kann eine große Hilfe sein, den richtigen Weg einzuschlagen. Großvater sagt: »Fasten und beten aktiviert die Selbstheilungskräfte im menschlichen Körper. Das ist oft wie eine Explosion. Würde jeder zweimal im Jahr auf den Hügel gehen, die Krankenhäuser und Arztpraxen wären leer. Wakan Tanka hat alles so einfach gemacht, aber der Mensch will es nicht begreifen. Er macht sich das Dasein zur Hölle, obwohl er im Paradies leben könnte.«

Der Sonnentanz

Der Sonnentanz ist die heiligste und spirituellste Zeremonie der Lakota. Er findet jedes Jahr im Monat der reifenden Kirschen statt, zwischen Ende Juli und Anfang August. Es gibt nur wenige Weiße, die bei den traditionellen Sonnentänzen Tunkashila ihre Liebe unter Beweis stellen. Man muß seine Spiritualität schon sehr tief spüren, um diese Strapazen und Schmerzen auf sich zu nehmen.

Der Höhepunkt des Sonnentanzes ist das Durchstechen. Den Tänzern wird rund zehn Zentimeter über den Brustwarzen mit einem Messer oder Skalpell durch das Muskelfleisch geschnitten. Anschließend werden zwei spitze Holzspieße, Bärenkrallen oder Adlerklauen durch das Fleisch gebohrt. Die Spieße werden mit langen Lederriemen an der Spitze des Sonnentanzbaumes, der heiligen Pappel, befestigt. Die Tänzer lassen sich dann in einem feierlichen Ritual, das den ganzen Tag über dauert, solange in die Lederriemen fallen, bis die Spieße aus dem Fleich reißen. Damit ist das Opfer vollbracht. Die Zeremonie heißt Sonnentanz, weil die Männer während des Tanzes in die Sonne starren und ihre Gebete an sie richten.

Es gibt viele Formen des Sonnentanzes, die vier häufigsten möchte ich kurz beschreiben.

1. »Starre in die Sonne«. Dabei läßt sich der Tänzer wie oben schon beschrieben, in die gespannten Lederriemen fallen.

Abb. 15: Die Brust des Sonnentänzers ist an zwei Stellen duchbohrt.
Der junge Indianer läßt sich solange in den Lederriemen fallen,
bis das Fleisch reißt. Auf dem Kopf trägt er
einen Salbeikranz, im Mund eine Adlerknochen-Flöte.

2. »Starre auf den Sonnenbison«. Hier werden die Holzspieße durch den Rücken gebohrt. Wieder werden lange Lederriemen daran geknotet, die man am Ende an mehrere Büffelschädel bindet. Der Tänzer muß jetzt die Büffelschädel solange hinter sich herziehen, bis die Spieße aus dem Fleisch reißen. Müht er sich damit zulange ab, setzen sich Kinder auf die Schädel, damit die Last noch schwerer und das gespannte Muskelfleisch endlich nachgibt.

3. »Starre gepfählt in die Sonne«. Dabei wird die Brust und der Rücken des Tänzers durchbohrt. Die Lederriemen werden vorne und hinten an je zwei Pfählen festgebunden. Der Tänzer muß sich durch Drehen und Winden vorne und hinten freireißen. Diese Form des Sonnentanzes erfordert großen Mut, denn hier kann keiner nachhelfen, damit es schneller geht.

4. »Starre aufgehängt in die Sonne«. Dem Tänzer wird der Rücken durchbohrt. Dann ziehen ihn zwei starke Männer an den Lederriemen hoch, bis er ganz oben am Sonnentanzbaum hängt. Sein ganzes Körpergewicht wird nur durch die beiden Spieße im Muskelfleisch gehalten. Der Tänzer bleibt solange in der prallen Sonne hängen, bis er abreißt. Das kann im Extremfall eine Stunde dauern. Diese Form des Sonnentanzes nennt man auch »fliegen«. Der Tänzer hält in beiden Händen eine Adlerfeder. Um seinen Körper in Bewegung zu bringen, schlägt er mit den Armen auf und ab, wie ein Adler seine Flügel. Durch dieses »Fliegen« reißen die Holzpflöcke schneller aus dem Fleisch.

Diese Rituale mögen auf den ersten Blick barbarisch wirken. Wer allerdings einen zweiten Blick riskiert, stellt schnell fest, daß der Sonnentanz die höchste und persönlichste Form des Gebens ist.

Es gibt verschiedene Gründe, ein Sonnentänzer zu werden. Archie Fire Lame Deer, der alljährlich auf der Rosebud-Reservation den größten Sonnentanz abhält, erklärt das in seinen Workshops so: »Das Durchstechen, das Leiden und Beten dient der Erneuerung allen Lebens. Wir Sonnentänzer ehren damit die Frauen, die leiden, wenn sie unsere Kinder auf die Welt bringen. Wir Männer wollen, indem wir unser Fleisch opfern, den Schmerz der Geburt nachempfinden. Wir lassen uns durchstechen und bringen unser Leiden für unsere Familien und Freunde dar. Wir nehmen den Schmerz des Durchstechens auf uns, weil dies vielleicht einen geliebten Menschen von Schmerz befreit.« Beim Sonnentanz auf der Rosebud-Reservation kommen jährlich rund 300 Tänzer und Tänzerinnen aus allen Stämmen Amerikas.

Der Sonnentanz ist keine Mutprobe, sondern das Zeichen einer tiefen, von Ehrfurcht geprägten Spiritualität. Großvater erklärte: »Wir bringen Wakan Tanka ein Opfer dar, wir schenken ihm unser Fleisch und unser Blut. Wenn dein Kind totkrank ist und du bittest Tunkashila, es wieder gesund zu machen, kannst du ein Gelübde ablegen. ›Tunkashila, Großvater, mach mein Kind gesund, ich opfere dir dafür mein Fleisch und mein Blut.‹ Solche Gelübde müssen erfüllt werden, das ist ein Teil unserer Wahrheit. Du erduldest Schmerzen und Pein für die Rettung anderer. Du kannst auch für Mutter Erde dein Fleisch opfern oder allen Menschen dieser Welt. Nichts anderes hat euer Jesus Christus auch getan.«

Großvater hat in jungen Jahren alle möglichen Formen des Sonnentanzes durchgeführt. »Wir mußten unsere Sonnentänze damals heimlich machen, sie waren von der Regierung verboten worden. Wir Indianer sollten alle gute Christen werden und unsere primitiven Bräuche ablegen. Aber wir konnten Wakan Tanka nicht vergessen. Wie kann jemand seine Mutter oder seinen Großvater vergessen?

Die Weißen haben versucht, uns einer Gehirnwäsche zu unterziehen. Wir durften nicht mehr unsere Sprache sprechen, unsere Lieder singen und unsere Zeremonien abhalten. Sogar das Schwitzhütten-Ritual haben sie uns verboten.

Die heimlichen Sonnentänze waren so kraftvoll wie die Gebete von Millionen von Menschen. Wir waren jung, der Zorn auf die weiße Regierung groß und die Liebe zu Wakan Tanka unendlich. Er war der einzige Halt, den wir hatten, auf seine Güte setzten wir all unsere Hoffnungen. Wir tanzten voller Hingabe in der Sonne und beteten für eine Zukunft in Würde und Stolz. Ein Sonnentanz dauert vier Tage. Vier Tage tanzen wir in der prallen Sonne, ohne Nahrung und ohne einen Schluck Wasser. Ein Sonnentanz-Platz ist während der Zeremonie mit universeller Energie aufgeladen, es passieren da wundervolle Dinge. Einmal brachten sie einen alten Mann. Er konnte nicht mehr gehen, nicht mehr sprechen, seine Augen starrten ins Leere. Sie legten ihn direkt unter die Heilige Pappel, wo er vier Tage und Nächte auf Salbei gebettet liegen blieb. Am letzten Tag, als wir uns alle losgerissen hatten, stand der Mann auf und fing laut zu beten an. Das war für uns das Zeichen, daß Tunkashila unsere Opfer angenommen hat. Er hatte uns den alten Mann geschickt.«

Joachim Joe Irmer ist einer der wenigen Weißen, der als aktiver Sonnentänzer die Qualen des Durchstechens auf sich genommen hat. »Der Sonnentanz ist die intensivste Art, mit dem Schöpfer in Kontakt zu kommen«, erzählt er. »Ich zeige ihm meine Liebe, indem ich mein Fleisch opfere. Das ist das einzige, was mir wirklich gehört. Geld und Kleidung, das sind Dinge, die ich selbst nur erworben habe.«

Joe Irmer verpflichtete sich bei Archie Fire Lame Deer für vier Sonnentänze. Einmal ließ er sich sogar zweimal durchstechen. Am ersten Tag bohrte man die Holzspieße durch beide Oberarme. Joe: »Die Lederriemen wurden links und rechts je an ein Pferd gebunden. Zwei Männer hakten sich bei mir unter, dann galoppierten die Tiere auf Kommando loß. Auf diese Weise dauerte es nur Sekunden, bis das Fleisch riß.« Am nächsten Tag hing Joe hoch oben auf der heiligen Pappel und flog wie ein Adler.

Um als Weißer bei einem Sonnentanz überhaupt zuschauen zu dürfen, muß ein sogenannter Sponsor für einen sprechen. Ohne diesen Sponsor wird man schon am Eingang weggeschickt.

Die Schamanische Reise

Schamanen und spirituelle Heiler, wie Großvater einer ist, haben die Eigenschaft, sich in tiefe Trance zu versetzen. Bei der yuwipi-Zeremonie ruft Großvater die Geister herbei, um mit ihnen in Kontakt zu treten. Ähnliche Techniken wenden auch die Schamanen in Sibirien oder die Eskimo-Schamanen an. Im Trance-Zustand reist der Schamane an weit entfernte Orte, man bezeichnet das auch als Seelenreise.

»Der Schamane sitzt ruhig und schweigend da und atmet tief, dann beginnt er, seine helfenden Geister zu rufen. Immer wieder sagt er: ›der Weg ist offen für mich, er ist für mich bereit‹... , dann öffnet sich unter ihm die Erde. Aber oft schließt sie sich wieder, und der Schamane hat mit verborgenen Kräften zu kämpfen, um seinen Weg zu finden, was er meist mit dem lauten Ruf: ›Jetzt ist der Weg offen‹ seinen Zuhörern mitteilt. Diese antworten im Chor: ›Möge der Weg für ihn offen bleiben‹. Danach hört man, zuerst unter dem Schlafplatz des Schamanen: ›Halala-he-he-he, Halala-he-he-he‹, und später aus der Erde heraus: ›Halala-he‹. Der Ruf wird immer schwächer, so als ob sich der Rufende entfernte, bis er ganz verstummt. Alle Anwesenden wissen, daß der Schamane unterwegs zum Herrn der Seetiere ist. In der Zwischenzeit singen die Anwesenden spirit songs, und dabei kann es passieren, daß die Kleider des Schamanen, die er vor der Sitzung abgelegt hat, lebendig werden und im Raum über den Köpfen der Sitzenden umherfliegen. Man kann Seufzer und

Atemzüge von Verstorbenen hören, die vor vielen Generationen gelebt haben. Selbst ein erfahrener Schamane wird auf seiner Reise zum Meeresgrund vielen Gefahren begegnen. Die gefürchtetsten sind drei riesige rollende Steine, die er auf dem Meersgrund trifft. Er muß zwischen ihnen hindurch. Dabei läuft er Gefahr, von den Felsen zermalmt zu werden. Später kommt er zu dem Haus des Geisterweibes Takanakapsaluk. Dort trifft der Schamane auf einen riesigen Hund. Wenn er mutig über ihn hinwegsteigt, bleibt das Tier ruhig. Nur für den Ängstlichen wird's gefährlich. Nun muß der Schamane die Mauer um das Haus einreißen und eintreten. Das große Weib hat als Zeichen des Zorns den Tieren den Rücken gekehrt. Das Haar hängt ihr wild und strähnig über die Augen. Die Sünden der Menschen haben sich als Schmutz in ihrem Haar abgelagert. Jetzt begegnet dem Schamanen die dritte Gefahr – es ist der Vater der Frau, Isarrataitsoq. Er versucht den Schamanen zu fangen. Der aber schreit: »Ich bin aus Fleisch und Blut« Der Mann läßt von ihm ab. Der Schamane nimmt jetzt das zottige Haar der Tochter, beschwichtigt sie und kämmt ihr das Haar aus. Dazu muß er all seine Kräfte aufbieten. Dann ist es Zeit für den Schamanen, zu seinen Leuten zurückzukehren. Sie können ihn schon von weitem hören, wenn er durch die Röhre kommt. Und mit einem mächtigen ›Plu-ah-he-he‹ plumpst er auf seinen Platz hinter dem Vorhang zurück.«

Die Erzählung stammt vom Eskimo-Forscher Knud Rasmussen. Es ist die Beschreibung einer schamanischen Sitzung bei den Eskimos. Der Schamane mußte bei seiner Reise die Große Mutter der Seetiere beschwichtigen, weil die Tiere im Meer ausblieben und die Menschen seines Volkes nichts mehr zu essen hatten.

Die Grundkenntnisse einer Trancereise, wie Heilige Männer und Schamanen sie praktizieren, sind für jedermann erlernbar. Die sogenannte Schamanische Reise kann praktisch jeder sofort durchführen, wenn er die notwendigen Instruktionen bekommt. Eine Schamanische Reise ist eine Reise in die Nichtalltägliche Wirklichkeit (NAW) – im Gegensatz zur Alltäglichen Wirklichkeit (AW). So eine Reise kann uns in die Unterwelt, in die Oberwelt und in die Mittlere Welt führen. Als akustisches Hilfsmittel schlägt dabei der Lehrer die Trommel. Eine Reise in die Unterwelt ist eine Reise ins Unterbewußtsein, eine in die Oberwelt eine Reise ins Überbewußtsein. Die Mittlere Welt ist das Hier und Jetzt. Die Schamanische Reise, auch Tunnelreise genannt, ist eine Trance-Reise, in der sich Ihr Bewußtseinszustand verändert; ganz ohne Drogen oder sonstige Beeinflussungen.

Ähnlich wie bei der Visionssuche, lernen Sie bei einer Schamanischen Reise neue Dimensionen Ihrer spirituellen Möglichkeiten kennen. Visionen sind, wie Großvater es formuliert, aufgeschlagene Seiten Ihrer Seele. Auf einer Tunnelreise lernen Sie die Welt der spirituellen Urkraft kennen. Das Wissen um diese Kraft ist in jedem von uns gespeichert – nur haben wir verlernt, wie wir sie aufrufen können. Die Trance-Techniken, mit denen auch die Druiden, die Heiligen Männer der Kelten, gearbeitet haben, sind mit den Hexenverbrennungen im Mittelalter für uns für immer verloren gegangen. Für die Kirche stand jeder, der seine spirituellen Ur-und Selbstheilungskräfte aktivieren konnte, mit dem Teufel im Bunde.

Reise-Vorbereitung

Bevor Sie aber zu Ihrer ersten Schamanischen Reise antreten, auf der ich Sie gerne begleiten möchte, gilt es allerdings einige Vorbereitungen zu treffen. So benötigen Sie für den Start ein sogenanntes Einstiegsloch. Das kann eine Erdöffnung sein, wie eine Höhle, ein Brunnenschacht, die Röhre eines Straßentunnels oder einfach ein Kaninchenbau. Die Erdöffnung sollte real existieren und Sie sollten sie schon einmal gesehen haben. Fällt Ihnen spontan nichts ein, dann machen Sie sich erstmal auf die Suche. Haben Sie ein passendes Erdloch gefunden, prägen Sie sich die Öffnung genau ein. Sie müssen den Einstieg später visualisieren können. Ganz wichtig: Unternehmen Sie Ihre ersten Reisen nicht ohne Trommelhelfer oder Wächter (Adressen und Telefonnummern im Anhang). Es sollten Personen sein, die bereits schamanische Vorkenntnisse besitzen. Der Trommelhelfer schlägt während Ihrer Reise die Trommel 180 Mal in der Minute. Diese Schlagfrequenz ermöglicht Ihnen eine gleichbleibend tiefe Trance. Später genügt auch ein Tonband. Geübte Reisende können die Trance sogar nur durch gezielte Konzentration herbeiführen – aber soweit sind wir noch nicht.

Sie haben eine Erdöffnung und einen Trommelhelfer, jetzt benötigen Sie nur noch den geeigneten Ort für Ihre Schamanische Reise. Am besten eignen sich dafür die eigenen vier Wände. Die Umgebung ist Ihnen vertraut, sie werden weniger abgelenkt. Für die Reise ist eine tiefe Entspannung notwendig. Es sollte draußen dunkel sein, im Zimmer nur eine Kerze brennen. Legen Sie sich trotzdem ein Tuch um die Augen, selbst der schwache Schein der Kerze kann schon störend wirken. Verwenden Sie, wenn es geht, immer dasselbe Tuch, oder einen Schal. Er soll Ihnen zum rituellen Gegenstand werden. So, wie die Schamanen und Medizinmännner viele rituelle Gegenstände haben, die sie ihr Leben lang benutzen.

Die erste Reise ist immer eine spannende Angelegenheit. Viele Leute fragen mich: »Was passiert, wenn ich nicht mehr aus der Trance erwache, oder den Weg zurück in die Alltägliche Wirklichkeit nicht mehr finde?« Keine

Angst, das kann nicht passieren. Sie befinden sich zwar in einem Trance-Zustand, haben aber auch während dieser Zeit immer Kontrolle über Ihren Körper.

Sind Sie jetzt bereit für die erste Reise? Geben Sie Ihrem Trommelhelfer eine Zeitvorgabe. Beenden Sie Ihre erste Reise am besten nach drei Minuten. Wenn die Zeit um ist, schlägt der Trommelhelfer viermal kräftig hintereinander die Trommel. So, jetzt legen Sie sich auf den Boden. Sie können sich auf den Bauch oder auf den Rücken legen. Der Kopf liegt auf der Seite, die Beine sind ausgestreckt, die Arme leicht angewinkelt. Ihr schamanisches Tuch liegt über den Augen. Sie atmen ruhig, Ihr Körper ist völlig entspannt. Eine Welle der inneren Zufriedenheit umschmeichelt Sie. Ihr Helfer fängt an, die Trommel zu schlagen. Dummmm, dummm, dummm, dummmm. Sie haben Ihren Erdeinstieg vor Augen, sehen ihn plastisch vor sich. Sie spüren die Schwingungen der Trommel, lassen sich von ihnen wie eine Feder im Wind tragen. Sie gehen oder zwängen sich jetzt durch die Öffnung. Sie sind jetzt frei von irdischen Gedanken und Gefühlen. Sie befinden sich jetzt im Inneren von Mutter Erde. Ich wünsche Ihnen eine gute Reise.

Der Tunnel

Sie befinden sich jetzt in einem Tunnel, den Sie mit relativ hoher Geschwindigkeit durchfliegen. Jeder Reisende erlebt diesen Tunnel anders. Er kann eng und dunkel sein, aber auch hell und breit. Die Wände sind oft aus Stein, oder der Reisende empfindet sie als klebrige Masse. Das ist ganz unterschiedlich. Es können während Ihres Fluges auch Hindernisse auftauchen, die Sie einfach umgehen. Nach einiger Zeit taucht am Ende des Tunnels ein Licht auf. Je näher Sie diesem Licht kommen, desto heller wird es. Sie sausen durch dieses Licht hindurch und landen in der Unteren Welt. Das kann eine wunderschöne Landschaft sein, mit Wiesen, Wäldern, glasklaren Seen, Flüssen, Bächen, mannshohen Blumen. Einfach eine Märchenlandschaft. Es gibt dort Pilze so hoch wie Häuser, fremdartige Tiere und Gebilde, die Sie noch nie in Ihrem Leben gesehen haben. Oder Sie landen in einem Meer. Darin schwimmen Fische, Vögel und Tiere, die Sie sonst nur an Land antreffen. Jeder Reisende erlebt die Untere Welt anders. Es sind Spiegelbilder unserer spirituellen Urkräfte. Es kann auch passieren, daß man es gar nicht bis in die Untere Welt schafft und im Tunnel hängenbleibt. Der weitet sich dann urplötzlich zum Palast aus, mit Marmortreppen, Säulen und vielen Zimmern. Für andere endet die Reise in einer Höhle mit Dutzenden von Ein- und Ausgängen.

Bettina erzählt

Was immer Sie auch sehen und erleben: Alles ist in diesem Augenblick für Sie real. Bettina, eine Studentin aus Bremen, erlebte ihre erste Schamanische Reise so: »Ich zwängte mich durch ein Loch, das unser Hund im Garten gegraben hatte. Es funktionierte wirklich, obwohl ich am Anfang ziemlich skeptisch war. Ganz schnell kam ich in diesen Tunnel. Er war finster und ziemlich eng und ich hatte Angst, daß ich darin stecken bleibe. Nach einiger Zeit sah ich auch das Licht am Ende. Aber plötzlich bog der Tunnel nach rechts ab, obwohl ich geradeaus weiterfliegen wollte. Ich kam zu einer riesigen Höhle. Ganz vorsichtig ging ich rein. Ich sah eine Treppe, die steil nach unten führte. Ich ging die Treppe hinunter, sie endete in einem großen Saal. Ich hatte immer das Gefühl, daß mich jemand beobachtete, aber ich konnte keinen Menschen entdecken. Der Saal war rund, und es gingen unzählige Türen davon ab. Vorsichtig öffnete ich die erste Tür. Ich betrat ein Zimmer. Drinnen stand ein Bett und ein Schaukelstuhl. Alles war von dicken Spinnweben überzogen, es war eisig kalt in diesem Zimmer. Ich ging hinaus, öffnete die nächste Türe. Kaum hatte ich das Zimmer betreten, flatterte ein riesiger Vogel auf, er flog ganz dicht an meinem Gesicht vorbei hinaus in den Saal. Jetzt bekam ich es doch ein wenig mit der Angst zu tun, und ich ging die Treppe hoch. In diesem Augenblick hörte ich die vier schnellen Trommelschäge, meine Reise war zu Ende. Ich lief die Treppe hoch, dann war ich auch schon wieder wach. Es war ein unvergeßliches Erlebnis. Ich kann mir bis heute nicht erklären, wie das möglich ist. Ich habe diese Höhle mit dem Saal und den vielen Türen wirklich gesehen, das war kein Traum und schon gar nicht habe ich mir diese Reise eingebildet. Sie hat wirklich stattgefunden. Jetzt weiß ich, daß es Dinge zwischen Himmel und Erde gibt, die viel größer sind als wir Menschen.«

Ein Schamane geht auf Reisen, um aus der Unteren Welt Aufschluß über die Krankheit seines Patienten zu finden. Die Schamanen sagen, ein Mensch wird erst dann krank, wenn ein Stück seiner Seele verloren gegangen ist. Ein Beispiel: Ein Kind wird von einem Auto überfahren, es stirbt. Die Mutter kann den Tod ihres Kindes nicht überwinden. Ein Stück ihrer Seele geht auf Reisen, verirrt sich in der Unteren Welt. Die Frau wird deshalb schwer krank. Aufgabe des Schamanen ist es, die verlorengegangene Seele zu finden, zurückzubringen und sie der Patientin einzuhauchen. Damit sie wieder gesund wird.

Krafttiere

Tiere spielen im Leben der Indianer eine große Rolle. Bei Großvater sind es der Bär und die Krähe, die ihm unter anderem seine Heilkräfte brachten. Lakota sehen in den Tieren Wesen mit hohen spirituellen Kräften. In ihrer Rangordnung stellen sie die Tiere sogar über den Menschen. »Tiere sind uns Menschen in fast allen Belangen überlegen«, sagt Großvater. »Das Pferd ist schneller als der Mensch, der Büffel und der Bär sind viel stärker, der Adler kann fliegen und sieht eine Maus aus großer Höhe. Tiere töten nur, wenn sie Hunger haben, sie sind keine so blutrünstigen Monster wie die Menschen. Wir können jede Minute unseres Lebens von den Tieren lernen.«

Die Tiere stehen nicht nur mit Großvater und den Indianern in ständigem Kontakt, auch Sie haben ein Tier, das Sie beschützt, das Ihnen Stärke, Kraft und Energie gibt. Es ist eine spirituelle Kraft in Tiergestalt. Es sind Geist-Tiere, die in Ihrem spirituellen Unterbewußtsein die Fäden des Lebens ziehen. In der Mythologie der Schamanen werden diese Tiere »Krafttiere« genannt. Diese Krafttiere begleiten Sie ein Leben lang – von der Geburt bis zum Tod.

Fühlen Sie sich auch zu einem Tier besonders hingezogen? Es gibt Menschen, die mögen Elefanten. Sie sammeln die grauen Rüsseltiere in allen Formen und Größen – als Plüschtier, Elefanten aus Glas oder Porzellan. Andere wiederum sammeln alles, was Ähnlichkeit mit einer Eule hat. Diese Tiere fungieren auch als Glücksbringer. Dann heißt es: »Die Eule hat mir heute Glück gebracht.« Oder beim Einstellungsgespräch: man steckt sich einen kleinen Holzelefanten in die Hosentasche. Es gibt unzählige Beispiele. Bestimmt haben auch Sie ein Tier, das Sie magisch in den Bann zieht. Meine Zwillingstöchter sind 15 Jahre alt. Stella wäre gerne ein Wolf, Melanie liebt Schildkröten.

Haben Sie sich schon einmal gefragt, warum das so ist? Das hängt mit dem Krafttier zusammen, unserem spirituellen Geistwesen. Es ist eine Energie, die wir ständig anzapfen, ohne daß wir uns dessen bewußt sind. Diese Geist-Tiere sind ein Teil unserer Selbstheilungskräfte. Sie versuchen, das spirituelle Feuer in uns nie ausgehen zu lassen. Krafttiere sind das, was die Kirche Schutzengel nennt. Sie helfen uns über Lebenskrisen hinweg, beschützen uns im Straßenverkehr und sind die Mittler zwischen dieser und der geistigen Welt. Großvater sagt, daß es Menschen gibt, die mehrere Krafttiere haben. »Die Tiere sind Ausdruck unserer spirituellen Ebene. Ein Tier verläßt uns, wenn seine Aufgabe erfüllt ist, es wird von einem anderen Tier abgelöst. Menschen, die mit ihren Krafttieren in Verbindung stehen, können das Geheimnis ihres Daseins lüften.«

Bleiben wir bei der Eule. Dieser Nachtschwärmer ist bei den Lakota der Totenvogel. Wer mit dem Tod eines lieben Menschen nicht fertig wird und jahrelang darunter leidet, dem kann die Eule zum Krafttier werden. Der Vogel repräsentiert zwar den Tod; weil die Eule aber alles über ihn weiß, kann sie auch helfen, die Trauer zu überwinden. Das dauert natürlich seine Zeit, weil der Betroffene gar nicht weiß, daß da jemand ist, der ihm helfen will.

Krafttiere können die geistige Energie von verstorbenen Menschen sein, aber auch die von verstorbenen Tieren. Großvater erklärt das so: »In der Geisterwelt sind alle eins, da wird der Mensch zum Tier und umgekehrt.« Wie und warum Krafttiere von einem Menschen zu einem anderen gehen, wie lange sie bleiben und was genau sie bewegt, um uns wieder zu verlassen – dieses Geheimnis kennen nur ganz wenige. Großvater sagt: »Ich weiß es, aber ich kann es nicht in Worte fassen, und ich will es auch nicht. Es sind Dinge des Lebens, die man akzeptieren soll, ohne sie groß zu hinterfragen. Wer diese Kräfte erlebt hat, weiß davon, das genügt.«

So lernen Sie Ihr Krafttier kennen

Krafttiere kann man auf einer Schamanischen Reise kennenlernen. Bettina erzählte von dem großen Vogel, der aus dem Zimmer geflattert war. Leider hat sie sich nicht näher mit dem Tier beschäftigt, sondern flüchtete aus der Höhle. Sie müssen vor den Tieren, die Ihnen auf so einer Reise begegnen, keine Angst haben. Ganz im Gegenteil. Aber: Nicht nur in der Alltäglichen Wirklichkeit (AW) sollte man den Tieren Respekt entgegenbringen, sondern besonders in der Nichtalltäglichen Wirklichkeit (NAW). Begegnen Sie auf Ihrer Schamanischen Reise einem Tier, sollten Sie es nicht gleich ansprechen. Wie bei vielen Dingen im Leben, muß auch hier erst eine Vertrauensbasis geschaffen werden. Nach der zweiten oder dritten Reise sind dann Dialoge sogar erwünscht. Sie können die Tiere mit ihren Problemen und Sorgen konfrontieren, sie um Rat bitten; Sie werden Antwort erhalten. Wenn es ein Tier gestattet, setzen Sie sich auf dessen Rücken. Sie können auf einem Hirsch oder einem Büffel reiten oder auf dem Rücken eines Vogels durch die Lüfte fliegen. Fordert Sie kein Tier zu einem Ritt oder einem Flug auf, nicht traurig sein. Die Gelegenheit dazu wird in späteren Reisen folgen.

Jetzt ist natürlich nicht jedes Tier, dem Sie in der Unteren Welt begegnen, automatisch Ihr Kraft- und Schutztier. Es ist auch sehr unwahrscheinlich, daß es sich schon auf der ersten Reise zeigt. Es gibt zwei Möglichkeiten, sein persönliches Krafttier zu erkennen. Erstens: Auf drei verschiedenen Reisen zeigt sich immer dasselbe Tier. Zweitens: Bei einer Reise zeigt sich Ihnen das Tier von drei verschiedenen Seiten. Ein Beispiel: Sie begegnen einem Wolf. Er bleibt vor Ihnen stehen, Sie erkennen klar und deutlich sein Gesicht. Plötzlich wird er riesengroß und steht direkt über Ihnen. Wenn er Sie dann noch zu einem Ritt einlädt und Sie den Wolf von oben betrachten können, dann fragen Sie: »Bist du mein Krafttier?« Er wird Ihnen antworten und Sie werden ihn verstehen.

Der Kontakt mit Ihrem Krafttier endet, wenn der Trommelhelfer viermal laut und kräftig die Trommel schlägt. Das ist für Sie das Zeichen, sich von Ihrem Tier zu verabschieden. Bedanken Sie sich und sagen Sie dem Tier, daß Sie wiederkommen werden. Bedanken Sie sich auch bei Ihrem Trommelhelfer. Erzählen Sie ihm über Ihre Erfahrungen, diese Reflektionen sind seine Bezahlung; ein Trommelhelfer nimmt kein Geld.

Krafttiere und ihre Bedeutung

Der Adler

Der Adler kommt der Sonne am nächsten, er steht mit Wakan Tanka in Verbindung. Medizinmänner und Schamanen verwenden Adlerfedern, um Kranke zu heilen. Der Adler ist ein mächtiges Krafttier. Er schwingt sich in die Höhe, überblickt mit seinen scharfen Augen die Stärke Ihrer Lebensenergie. Er sagt Ihnen, daß Sie Niederlagen als Erfahrungen annehmen sollen, daß in Ihnen Kräfte und Energien stecken, die zu wecken sich lohnt. Sie spüren schon seit Jahren ein Verlangen, hinter den Vorhang Ihrer Seele zu schauen. Der Adler als Krafttier

Abb. 16: Der Adler. Er fliegt der Sonne am nächsten, steht mit Wakan Tanka in Verbindung.

weist Ihnen den Weg über den Horizont. Er sagt Ihnen aber auch, daß Sie sich intensiver mit dem Element Luft auseinandersetzen sollen. Vielleicht haben Sie Probleme mit der Lunge, den Bronchien oder den Atemwegen. Der Horst des Adlers liegt hoch oben in steilen Felswänden. Er fordert Sie auf, Ihre spirituellen Wege in höheren Sphären zu suchen. Machen Sie sich auf den Weg zu Spirit-Großvater. Und: Lieben Sie sich selbst so, wie Sie andere lieben.

Der Bär

Der Bär überwintert in seiner Höhle. Er zieht sich gerne zurück, ist aber neugierig und beobachtet, was in seiner nächsten Umgebung passiert. Haben Sie den Bär als Krafttier, können Sie sich glücklich schätzen: der Bär ist ein Freund fürs Leben. Er ist immer da, wenn Sie ihn brauchen. Bären sind groß und stark. Sollten Sie öfter das Gefühl haben, hinter Ihnen steht jemand, oder da huscht etwas an Ihnen vorbei, es könnte der Bär sein. Er will Ihnen sagen, daß Sie ruhiger werden, nicht so hektisch durchs Leben gehen sollen. Ihre Gedanken schlagen oft Purzelbäume. Sie fangen viele Dinge an, bringen aber nichts richtig zu Ende. Ziehen Sie sich öfter zurück in Ihre Höhle, schöpfen Sie Kraft aus dem Inneren Ihres Herzens. Für Sie spielt der Traum eine große Rolle. Sie träumen viel. Schreiben Sie Ihre Träume in ein Buch, finden Sie heraus, was Ihnen die Träume sagen wollen. Der Bär hilft Ihnen dabei, fragen Sie ihn. Er steht mit Ihnen in telepathischer Verbindung, er weiß immer, was Sie gerade tun.

Der Büffel

Der Büffel zählte bei den Lakota zu den heiligsten Tieren. Sein Fleisch hat sie ernährt, sein Fell hat sie gewärmt. Es war die weiße Büffelkalb-Frau, die den Lakotas die Heilige Pfeife brachte. Das starke und kraftstrotzende Tier wurde in vielen Gesängen, Tänzen und Gebeten verehrt und gehuldigt. Wenn Sie den Büffel zum Krafttier haben, wurden Sie mit dem Keim der spirituellen Weisheit geboren. Wenn Sie schon in jungen Jahren gelernt haben zu beten, ist dieser Keim bereits aufgegangen, trägt erste Blüten. Sie sind sich Ihrer spirituellen Energie bewußt.

Abb. 17: Der Büffel.
Das kraftstrotzende Tier ist das Streichholz für Ihr spirituelles Licht.

Wurde dieser Keim noch nicht befruchtet, sagt Ihnen der Büffel: Ihr Herz ist voller Güte, Ihre Seele voller Weisheit. Sie haben nur den richtigen Weg zu Ihren spirituellen Kräften noch nicht gefunden. Beten Sie und der Büffel wird Ihr weißes Licht nach außen tragen. Sie haben die Gabe und die Kraft, anderen Menschen zu helfen, ihnen den Weg aus der Finsternis zu zeigen. Dafür müssen Sie aber erst selbst das eigene Licht entdecken. Der Büffel ist das Streichholz dazu.

Der Hirsch

Der Hirsch ist ein majestätisch anmutendes Tier. Er streift durch die Wälder, ist schnell und ausdauernd. Haben Sie den Hirsch als Krafttier, dann sollten Sie Ihre sanfte Seite entdecken. Falls Sie es noch nicht bemerkt haben sollten: Sie haben einen Sinn für das Schöne. Oft übertreiben Sie aber in Ihren Handlungen, schießen nicht nur einmal über Ihr Ziel hinaus. Der Hirsch lehrt Sie, mit Ihren Kräften richtig umzugehen. Teilen Sie sich Ihre Energie besser ein, verpulvern Sie Ihre Kräfte nicht ständig. Sie wollen alles geben, immer, sofort und auf der Stelle. Wenn Sie den Hirsch um Rat fragen, wird er Ihnen sagen: Finde Dein Tempo im Leben, du mußt nicht immer der Erste sein. Der Hirsch fördert auch Ihre Kreativität. Haben Sie schon einmal versucht, Schmuck herzustellen? Wenn nicht, dann sollten Sie es probieren. Außerdem haben Sie ein Gespür für außersinnliche Wahrnehmungen.

Die Schildkröte

Die Schildkröte repräsentiert Mutter Erde. Die Schildkröte ist alt und weise, in ihr steckt die Harmonie von Erde und

Universum. Wenn Sie die Schildkröte zum Krafttier haben, ist das die große Chance, Ihrem Leben eine entscheidende Wende zu geben. Sie müssen die Balance zwischen Selbstschutz und Verletzt-Werden suchen. Sie sind ein Mensch, der sich mit einem Panzer umgibt und versucht, sich gegen alles zu schützen. Freunde und Kollegen bewundern Ihre Einstellung – alle Probleme scheinen an Ihnen abzuprallen. Aber im stillen Kämmerlein liegen Sie oft wie eine Schildkröte auf dem Rücken, verletzbar und jedermann hilflos ausgeliefert. Versuchen Sie sich in Harmonie zu bringen. Akzeptieren Sie Stärke und Trauer, halten Sie aber beides in Balance. Sie sind oft himmelhoch jauchzend und dann wieder zu Tode betrübt. Versuchen Sie wieder die Erde unter Ihren Füßen zu spüren, geben Sie Ihrem Leben wieder eine Richtung. Wenn es Ihnen gelingt, die Harmonie zwischen Körper und Seele herzustellen, werden Sie alt, weise und sehr, sehr glücklich.

Der Kojote

Der Kojote wird bei den Indianern auch als »Medizinhund« bezeichnet. Er ist ein Spaßvogel und Trickkünstler, der immer wieder in seine eigenen Fallen tappt. Haben Sie den Kojoten zum Krafttier, kann es sein, daß Sie das Leben einfach zu ernst nehmen. Der Job, die Partnerschaft, das Hobby – Sie spulen alles mit einer verbissenen und ungesunden Ernsthaftigkeit herunter, Sie lachen zuwenig. Vor allen Dingen: Sie nehmen sich selbst viel zu ernst. Sie stellen sich über alles und jeden, stolpern dabei oft über Drahtschlingen und Hindernisse, ganz zur Schadenfreude der anderen. Sie sind es, der ausgelacht wird, weil Sie in Ihrer Ernsthaftigkeit schon wieder komisch wirken. Sie glauben, das Unheil der ganzen Welt laste auf Ihren Schultern. Sie müssen lernen, über sich selbst zu lachen, die Dinge nicht so wichtig zu nehmen. Sie müssen sich selbst austricksen, sich selbst ein Schnippchen schlagen. Dann kommen Sie auf den richtigen Weg, ein Medizinhund zu werden, der andere Menschen mit seiner Fröhlichkeit ansteckt.

Abb. 18: Der Kojote: Er ist ein Spaßvogel und Trickkünstler, der immer wieder in seine eigene Falle tappt.

Die Krähe

Die Krähe oder der Rabe, als Krafttier sind sie beide eins. Der schwarze Vogel hat eine sehr starke Medizin. Schamanen mit der Kraft der Krähe werden immer noch gefürchtet und verehrt. Vergangenheit, Gegenwart, Zukunft – für sie spielt das alles keine Rolle. Die Krähe ist der einzige Vogel, der ins Jenseits fliegt und wieder zurückkommt. Haben Sie die Krähe oder den Raben als Krafttier, steckt diese starke Medizin in Ihnen. Sie haben heilende Kräfte und hellseherische Fähigkeiten. Sie haben sie nur noch nicht entdeckt, weil Sie die Vergangenheit nicht loslassen können, die Gegenwart nicht sehen und die Zukunft eine zu große Rolle spielt. Sie müssen mehr das Hier und Jetzt nutzen. Die Krähe (der Rabe) ist ein schamanischer Lehrer. Der Vogel wartet nur darauf, Sie unterrichten zu können. Aber Vorsicht: Die Krähen-Medizin kann sich sehr schnell gegen die eigene Person wenden. Sie müssen mit viel Achtung an die Kräfte herangehen. Sollten Sie anderen helfen und daraus materiellen Nutzen ziehen, werden sie vogelfrei.

Natürlich kann Ihnen auf der Reise in die Untere Welt auch jedes andere Krafttier begegnen: Elch, Berglöwe, Otter, Eule, Delphin, Dachs, Falke, Schmetterling, Biber, Fuchs, Wolf, Schwan, Wal, Pferd, Schneegans, Hase, Antilope, Einhorn, Luchs, Maus, Panther, Schlange, Löwe.

Keine Krafttiere dagegen sind: Krokodile, Kaimane, Insekten und Haustiere. Krafttiere sind frei und wild, haben sich ihre Urinstinkte erhalten. Diese Urinstikte sind es auch, die Sie wieder auf den rechten Weg bringen. Vom Menschen gezüchtete Hunde und Katzen können keine Krafttiere sein. Ebensowenig der Wellensittich und das niedliche Zwergkaninchen. Die Ausnahme ist das Pferd. Es wurde früher in der Prärie gefangen und zugeritten. Es war ein wildes, freilebendes Tier. Ich trage mein Krafttier immer bei mir – als Tätowierung auf dem rechten Oberarm. Sie müssen mir das nicht unbedingt nachmachen, aber Sie sollten Ihr Krafttier, wenn möglich, immer bei sich tragen. Vielleicht als kleinen Schmuckanhänger um den Hals oder als Ring am Finger.

Der Krafttanz der Tiere

Eine andere Art, mit seinem Krafttier in Kontakt zu kommen, ist der sogenannte Krafttanz. Bei diesem Tanz holen Sie die Nichtalltägliche Wirklichkeit in Ihre Wohnung oder an den Ort, an dem Sie gerade tanzen. Durch die Bewegungen wecken Sie die Energie des Tiers, teilen ihm mit, daß Sie jetzt Verbindung aufnehmen wollen. Ahmen Sie den Flug des Adlers nach, brummen Sie wie ein Bär, der gerade aus dem Winterschlaf erwacht oder schleichen Sie wie ein Wolf auf allen Vieren durch das Zimmer. Wenn Sie spüren, das Tier ist bei Ihnen, lassen Sie los, es wird ganz sanft von Ihnen Besitz ergreifen. Nicht um Sie zu manipulieren, es wird Sie führen. Wie bei der Schamanischen Reise, sollte auch beim Krafttanz ein Trommelhelfer den Takt schlagen. Es reicht aber auch eine Trommelkassette oder CD. Ist beides nicht vorhanden, schlagen Sie mit einer Rassel den Takt selbst. Die Rassel ist ein schamanisches Werkzeug und wichtig bei jeder Zeremonie.

Haben Sie keine Hemmungen, lassen Sie sich von den Gefühlen und Energien treiben. Tanzen Sie wie ein Derwisch. Es gibt Situationen im Leben, da steckt man in einer Sackgasse. Alles geht schief, Schicksalsschläge trommeln wie faustgroße Hagelkörner auf die Seele ein. Eine innere Stimme schreit: »Warum gerade ich?« Der Tanz mit Ihrem Krafttier bringt Körper und Seele wieder in Balance. Sollten Sie Ihr Krafttier noch nicht kennen, tanzen Sie den Tanz eines x-beliebigen Wildtiers. Ahmen Sie nur die Bewegungen nach – alles andere kommt von selbst.

Ich sitze und schlage die Trommel

Ich sitze und schlage die Trommel und rufe durch die Stimme der Tiere von den Bergen. Auch die großen Stürme lauschen meiner Trommel. Ich sitze und schlage die Trommel, und Sturm und Donner antworten ihrer Stimme. Der große Wirbelwind hört auf mit seinem Rasen, um dem Laut meiner Trommel zu lauschen. Ich sitze und schlage meine Trommel, und der Geist der Nachtluft kommt und lauscht dem Ton meiner Trommel. Auch der großeWindvogel hält seine Flügel still, um ihrer Stimme zu lauschen. Ich sitze und schlage meine Trommel, und der Wassergeist kommt und lauscht ihrer Stimme. Auch der Waldgeist hört auf zu hacken und lauscht ihrem Ton. Ich sitze und schlage meine Trommel, und der Schwarze Mann aus dem Wasser steigt empor, um ihrem Ton zu lauschen. Blitz, Donner, Stürme, Wind, Waldgeist, Wirbelwind, Wassergeist und Geist der Nachtluft sind versammelt und lauschen dem Ton meiner Trommel.

Passamaquoddy

Atmen Sie sich gesund

Großvater hat zu mir gesagt: »Halte deinen Kern kräftig und vital«. Es gibt viele Heil-Übungen, mit denen man Geist, Seele und Körper gesund halten kann. Alles was Sie benötigen, ist die Disziplin es auch zu tun.

Wachen Sie zehn Minuten früher als gewöhnlich auf. Diese zehn Minuten reichen, um sich für den ganzen Tag mit Energie aufzutanken. Legen Sie sich auf den Rücken, schließen Sie die Augen und atmen ein paarmal kräftig durch. Atmen Sie durch die Nase ein und durch die Nase wieder aus, ganz langsam und bewußt. Konzentrieren Sie sich auf Ihre Atemzüge. Wünschen Sie sich selbst einen wunderschönen guten Morgen, freuen Sie sich auf diesen Tag. Nehmen Sie sich fest vor, den ersten Menschen, den sie auf der Straße treffen, freundlich zu grüßen und auch ihm einen wunderschönen guten Morgen zu wünschen.

Der Atem ist wakan

Wir wollen uns jetzt ein wenig intensiver mit der Atmung beschäftigen. Bevor die Indianer das Pferd hatten, gingen sie zu Fuß auf die Jagd. Sie waren oft tagelang unterwegs und mußten dem schnellen Wild nachlaufen. Wann haben Sie das letzte Mal bewußt gespürt, daß Sie atmen? Als Ihnen beim Laufen oder Treppensteigen die Luft ausging? Oder als die Stiche im Herzen schmerzhafter wurden und Sie Angst hatten, ersticken zu müssen? Vielen Menschen wird ihr Atem erst bewußt, wenn gesundheitliche Beschwerden vorliegen. Auch Konditionsmangel ist eine Krankheit. Gerade wir Europäer haben zu unserem Atem keine Beziehung. Das fängt schon bei der Geburt an. Das neugeborene Baby wird meist mit einem Schlag auf den Po zum Atmen animiert. Dieser Klaps kann auch heftiger ausfallen, sollte das Baby nicht gleich losschreien. So wird von der ersten Sekunde des Lebens der Atem als etwas Lästiges, etwas Beiläufiges empfunden. Bei den Indianern wird dem Neugeborenen der Atem eingehaucht. Das ist ein angenehmes Gefühl, nicht etwas Schmerzhaftes wie der Klaps auf den nackten Hintern.

Wenn ich Ihnen jetzt sage, daß der Atem etwas Heiliges ist, werden Sie wohl ungläubig mit dem Kopf schütteln. Was soll daran heilig sein? Wir atmen jeden Tag tausende Male ein und aus, was soll daran heilig sein? In vielen Sprachen jedoch, auch im Lakota, wird das Wort »Atem« mit Seele, Geist oder Gott übersetzt. Großvater sagt: »Der Atem ist wakan, wie der Rauch in der Schwitzhütte oder der Rauch des Tabaks. Unser Atem ist die Urkraft des Lebens, er ist die Verbindung zwischen Mutter Erde und dem Universum. Der Atem ist ein Gebet, das in Nächten und kalten Tagen sichtbar wird und als Rauch in den Himmel steigt.« Bewußt atmen ist die schnellste und natürlichste Methode der Selbstheilung, ist die Quelle von Vitalität und Geisteskraft. Werden Sie Ihr eigener Medizinmann, atmen Sie sich einfach gesund. Es ist eine spannende und aufregende Reise ins Innere unseres Körpers.

Verkümmerte Seele

Wußten Sie, daß Ihre Lunge das größte Ausscheidungsorgan des Körpers ist? Über 70 Prozent der Ausscheidung erfolgt über die Atemwege. Sie besitzen rund 750 Millionen Atembläschen. Wenn man die flachdrückt, bedecken sie die Fläche eines ganzen Fußballfeldes. Wichtig für den gesamten Organismus ist, daß er ausreichend mit Sauerstoff versorgt wird. Leber, Milz, Gallenblase, Herz, Darm, Nieren – sie alle benötigen reichlich Sauerstoff. So kann Leberverfettung die Folge von unzureichender Atembewegung sein. Durch die Bewegung des Zwerchfells wird nämlich der Abtransport von Blut und Galle aus der Leber aktiviert. Wer beim Atmen sein Zwerchfell nicht einsetzt, kann nicht nur körperlich, sondern auch geistig krank werden. Ein dünnes, verkrampftes Zwerchfell, kann zur Trennung von Gefühl und Verstand, Sexualität und Liebe führen. Die Folge: Eine verkümmerte Seele. Der Atem ist eine spirituelle Kraft, die sehr viel mit Mutter Erde zu tun hat. Beim Einatmen saugen wir die unmittelbare Umgebung in unseren Körper, beim Ausatmen geben wir jedesmal ein Stück unseres Innersten ab. Großvater sagt: »Atmen ist ein ständiger Austausch mit den Spirits. Ihre Kräfte und Energien sind überall in der Luft, wir atmen sie ständig mit ein. Es liegt an uns, was wir mit diesen Kräften in unserem Körper anstellen.« 95 Prozent aller Europäer atmen zu oberflächlich. Dadurch bekommt der Körper zu wenig Sauerstoff, er nimmt zuwenig positive Energie auf. Nur wer richtig atmet, lädt sich ständig damit auf. Großvater sagt: »Wer bewußt atmet, ist weniger krank.« Er sieht das bewußte Atmen als spirituellen Ausgleich zum Alltagsstreß. »Wir leben in Symbiose mit der Pflanzenwelt. Wir geben Kohlendioxyd ab, die Pflanzen wandeln es für uns in Sauerstoff um. Gibt es keine Bäume und Sträucher, sind wir in kürzester Zeit alle tot. Künstlicher Sauerstoff ist kein Ersatz. Denn mit dem Sauerstoff atmen wir auch die Energien und Kräfte der Pflanzen ein. Ohne diese Energien würden wir auch zu Grunde gehen.«

Atmen in den Bauch

Legen Sie sich auf den Rücken, legen Sie Ihre rechte Hand auf den Bauch. Atmen Sie jetzt tief und fest ein. Bewegt sich Ihr Bauch? Wenn nein, sind Sie ein sogenannter Brustkorb-Atmer. Damit werden nur die Lungenspitzen mit Sauerstoff versorgt, das sind nur 30 Prozent der vorhandenen Kapazität. Das heißt, 70 Prozent Ihres möglichen Sauerstoff-Potentials liegt brach, obwohl der ganze Organismus nach Sauerstoff lechzt. Sie müssen versuchen, mehr Sauerstoff, heißt Energiespender, in Ihre Lungen zu pumpen. Atmen Sie konzentriert durch die Nase in den Bauch, der muß sich richtig mit Luft füllen. Dann wieder durch die Nase ausatmen. Das nächste Mal atmen Sie wieder in den Bauch, halten die Luft drei Sekunden an und atmen dann ganz langsam aus. So langsam, daß sich in der Nase kein Haar bewegt. Pressen Sie die letzte Luft aus den Lungen, dann atmen Sie wieder ein. Mit jedem Ausatmen scheiden wir Millionen von abgestorbenen Zellen aus. Atmen wir zu hastig und zu schnell aus, lagern sich die Zellen im Körper ab. Das kann, wissenschaftlichen Untersuchungen zufolge, sogar Krebs auslösen. Machen Sie 50 bewußte Atemzüge, und sie spüren, wie sich Ihr Körper mit lebenspendender Energie füllt.

Tiefes Atmen

Sie füllen Ihren Bauch wieder mit Luft, atmen jetzt aber weiter ein. Gleichzeitig drücken Sie die Luft aus dem Bauch in den Brustraum, bis hoch zum Schlüsselbein und den Schultern. Pumpen Sie ihren Brustkorb völlig auf, bis nichts mehr in den Lungenflügeln Platz hat, dann atmen Sie wieder langsam durch die Nase aus. Wenn Sie jeden Tag nur zehn Minuten bewußt ein- und ausatmen und dabei auch Ihr Zwerchfell bewegen, fühlen Sie sich wie neu geboren. Sie sind besser aufgelegt, fröhlicher, können wieder lachen, die Seele reinigt sich. Großvater sagt: »Jeder Mensch hat die Möglichkeit, seinem Leben eine andere Richtung zu geben. Zu jeder Sekunde des Tages – man muß es nur tun.«

Heil-Atemübungen mit Bäumen

Bewußtes Atmen hat immer etwas mit Heilung zu tun. Viele Bäume und Pflanzen sind wakan, haben heilende Kräfte. Was liegt näher, als sich den Bäumen und Pflanzen anzuvertrauen. Atmen Sie bewußt die Energien der Bäume in sich ein, nehmen Sie die heilenden Kräfte in Ihren Körper auf. Das funktioniert am besten im Frühjahr, dem Beginn des keimenden Lebens. Wenn die Bäume aus ihrem Winterschlaf erwacht sind und sich selbst mit Energie auftanken. Dann strotzen sie nur so vor Kraft. Wenn Sie einen Baum besuchen und von ihm Hilfe erhoffen, gehen Sie mit reinem Herzen und klarem Verstand zu ihm. Denken Sie nicht: »So ein Blödsinn, was mache ich nur hier. Das ist vielleicht eine Schnapsidee, das funktioniert sowieso nicht. Und wenn mich jemand sieht dabei, dann mache ich mich sicher lächerlich.« Der Baum spürt das, er kann Ihre Gedanken lesen. Sie müssen ihm offen und ehrlich gegenüber treten. Sagen Sie ihm, daß Sie zum ersten Mal mit einem Baum sprechen und daß Sie sich schon ein wenig komisch dabei vorkommen. Bringen Sie dem Baum ein kleines Geschenk mit. Sie können Ihm ein kleines Lederbändchen mit einer Feder daran an einen Ast binden, oder auch ein schmuckes Stoffbändchen. Sie können auch eine Prise Tabak um seinen Stamm streuen. Kleine Geschenke erhalten die Freundschaft – das ist nicht nur bei uns Menschen so. Lehnen Sie sich an den Stamm, fühlen Sie die Rinde, knüpfen Sie eine zarte Bande, der Baum wird es Ihnen danken.

Jetzt setzen Sie sich vor den Stamm auf den Boden. Am besten auf ein mitgebrachtes Kissen, damit Sie sich auf dem kühlen Waldboden nicht erkälten. Ihr Gesicht sollte 50 bis 60 Zentimeter vom Stamm entfernt sein. Schließen Sie die Augen, stellen Sie sich den Baum jetzt in Ihrer Phantasie vor. Sagen Sie ihm, warum Sie hier sind und daß Sie von ihm Hilfe erhoffen. Atmen Sie wie in der vorhergegangenen Übung duch die Nase in den Bauch ein und wieder aus. Ganz entspannt und locker. Wenn Sie an einer bestimmten Krankheit leiden, zentrieren Sie Ihre Gedanken auf dieses Leiden. Wenn Sie Sorgen haben, schütten Sie dem Baum Ihr Herz aus, er wird Ihren Kummer aufnehmen. So, wie er Ihr Kohlendioxyd aufnimmt und in Sauerstoff umwandelt, wird er Ihre Schmerzen und Ihr Leid aufnehmen und in positive Lebensenergie umwandeln. Wer mit den Bäumen atmet, aktiviert auch die Selbstheilungskräfte im Körper.

Bäume und ihre Kräfte

Der Apfelbaum

In den meisten deutschen Gärten steht ein Apfelbaum. Der Apfelbaum gehörte zu den sieben heiligen Bäumen der Kelten. Er war Symbol des Lebens, der Fruchtbarkeit, der Liebe und der Vollendung. Wer sich unterdrückt fühlt, wer immer nur einsteckt, aber nicht austeilen kann, der sollte mit dem Apfelbaum atmen. Der unscheinbare, oft verkrüppelte Baum hat enorme Kräfte, die er auch gerne weitergibt. Wer Angst vor dem Sterben hat – der Apfelbaum bringt den Lebensmut zurück. Der Apfel ist ein altes Heilmittel. Er wirkt harntreibend, fiebersenkend, fördert die Verdauung.

Die Birke

Der hohe schlanke Baum weckt Ihre intuitiven Kräfte. Ein möglicher Jobwechsel, Geldprobleme, Konflikte mit dem Lebenspartner – die Birke sagt Ihnen, wie die Probleme zu lösen sind. Oft kommt nach einer Woche der rettende Einfall. Im Frühling entwickelt die Birke in Blättern und im Stamm die meisten Heilstoffe. Birkensaft aktiviert die Blase und die Nieren, reinigt das Blut.

Die Buche

Die Buche ist der reinste Seelentröster, sorgt für eine positive Lebenseinstellung. Sollten Sie Selbstmordgedanken haben, sprechen Sie mit der Buche über Ihre Probleme. Wenn Sie unter Kreislauf-Problemen leiden, vom Streß geplagt sind – dann atmen Sie mit der Buche. Die Energie dieses Baumes steigert Ihre Konzentrationsfähigkeit, bringt Ihre Lebensgeister in Schwung. Die Buche verstärkt Ihr biorhythmisches Leistungshoch. Ihre Blätter als Tee aufgegossen lindern Kopfschmerzen.

Die Eiche

Auch die gute alte deutsche Eiche gibt Lebensenergie. Schon von den Kelten als heiliger Baum verehrt, aktiviert der mächtige Baum Ihren Blutkreislauf. Wer nach längerer Krankheit geschwächt ist, dem bringt die Kraft der Eiche die Lebensgeister wieder. Wer mit der Eiche atmet, kann sich besser konzentrieren, fühlt sich frisch und wie neu geboren. Der Sud aus Eichenrinde hilft gegen Schwellungen und Ekzeme. Eichelkaffee hilft gegen Akne.

Die Erle

Dieser Baum fördert die spirituellen Kräfte des Menschen. Wenn Sie mehr über sich erfahren wollen, atmen Sie mit der Erle. Er wurde früher auch der Totenbaum genannt. Es heißt, wer die Erle zum Freund hat, kann Kontakt mit dem Jenseits aufnehmen.

Die Eberesche

Die Eberesche ist der Baum der Schamanen. Wer mit der Eberesche atmet, kommt schnell mit den Spirits in Kontakt. Die Eberesche ist auch der Lieblingsbaum der Vögel. Die Esche stärkt Ihre Willenskraft und Ihr Selbstbewußtsein. Sollten Sie von einem Menschen abhängig sein – die Esche hilft Ihnen, sich von ihm zu befreien. Tee aus dem Samen der Eberesche hilft bei Leber- und Milzleiden. Tee aus den Blättern bei Durchfall.

Der Holunder

Schon als Kind habe ich viel Holunder gegessen. Meine Mutter hat aus den schwarzen Beeren Kuchen gebacken, mittags gab es oft Griesbrei mit Holunder. Wenn ich Grippe hatte, gab sie mir Holunder-Tee zu trinken. Der Holunder ist eine vielfältige Heilpflanze. Die Beeren stärken das Immunsystem, sind harntreibend und entwässern den Körper. Wenn Sie schmerzende Narben haben, atmen Sie mit dem Holunder, berühren Sie oft den Stamm. Die Narben werden verschwinden, ebenso eitrige Geschwüre. Der Holunder bringt auch Ihre Lebensgeister in Schwung, wirkt wie ein Jungbrunnen. Morgens eine Atemsitzung mit dem Holunder – und Sie fühlen sich fit für den ganzen Tag.

Die Kastanie

Die Kastanie ist ein entfernter Verwandter der Eiche. Ein kräftiger, prächtiger Baum, der seine Blüten stolz zur Schau trägt. Schon der Anblick einer blühenden Kastanie läßt einem das Herz erfreuen. Wer großen seelischen Kummer hat und von Selbstzweifel geplagt wird, sollte zur Kastanie gehen. Sie vertreibt Seelenschmerz, bringt Selbstvertrauen und inneren Frieden zurück. Tee aus Kastanienblüten lindert Husten und entwässert.

Der Kirschbaum

Was empfinden Sie, wenn Sie einen blühenden Kirschbaum sehen? Anmut, Freude und Frühlingsgefühle. Der Kirschbaum weckt bei vielen Menschen die Sehnsucht nach Liebe und Zärtlichkeit. Wer Probleme mit Sex hat, sollte mit dem Kirschbaum atmen. Er löst Blockaden, weckt die sexuelle Neugier. Tee aus getrockneten Kirschstielen hilft bei Husten. Wer niedrigen Blutdruck hat, sollte viel Kirschsaft trinken.

Die Kiefer

Die Kiefer gehört zu den am häufigsten gepflanzten Bäumen. Der Baum ist wie altes Urgestein. Er ist weise, eine Art Medizinmann unter den Bäumen. Kiefernöle gibt es in jeder Apotheke zu kaufen. Das würzige Aroma der Kiefernnadeln beruhigt die Nerven, befreit die Atemwege. Wer regelmäßig mit der Kiefer atmet, hat einen Freund fürs Leben gefunden. Die Kiefer ist bescheiden, überträgt diese Bescheidenheit auch auf den Menschen. Kieferenergie bringt Sie ins innere Gleichgewicht. Sie kommen zur Ruhe, strahlen wieder persönliche Stärke aus. Haben Sie Magengeschwüre durch Streß? Atmen Sie mit der Kiefer.

Die Linde

Am Brunnen vor dem Tore, da steht ein Lindenbaum. Er ist der Baum der Romantiker. Wenn Sie Liebeskummer haben, atmen Sie mit der Linde. Wollen Sie einen Liebesbrief schreiben und wissen nicht weiter – die Linde läßt Sie die richtigen Worte finden. Wie die Kastanie lindert die

Linde seelischen Schmerz, heilt Kummer, macht harte Herzen wieder weich. Der Tee aus Lindenblüten hilft bei Husten und Bronchitis, wirkt schleimlösend und krampfstillend. Feingeriebene Lindenschale reinigt und desinfiziert.

Die Tanne

Symbol der Kraft und Stärke. Die Tanne trotzt jedem Sturm. Sie ist großzügig und offenherzig, strahlt Optimismus aus. Zaudernde Menschen sollten mit der Tanne atmen. Haben Sie Zukunftsängste? Vertrauen Sie sich der Tanne an. Sie vertreibt Ihren Pessimismus. Wenn Sie von Alpträumen geplagt werden – legen Sie sich einen Tannenzapfen unter ihr Bettkissen. Aber nicht einen, den Sie am Wegesrand finden. Es muß schon ein Zapfen Ihres Baumes sein. Salben aus Tannenharz wirken entzündungshemmend, helfen bei Rheuma und Arthrose. Kauen Sie Tannenharz, das schützt vor Paradontose.

Die Weide

Die Weide löst bei vielen Menschen Trauer und Verzweiflung aus. Auf vielen Gräbern steht ein Weidenbaum. Wer mit der Weide atmet, kann den Dingen besser auf den Grund sehen. Sollten Sie unter Depressionen leiden, im Leben keinen Sinn mehr sehen, fragen Sie die Weide nach einer Lösung. Sie setzt bei Ihnen einen Entwicklungs-Prozeß in Gang. Die Weide blickt tief in Ihre Seele. Eine Atemsitzung mit der Weide, ersetzt eine Therapiestunde beim Psychiater. Der Tee aus Weidenrinde wirkt fiebersenkend.

Natürlich können Sie auch mit jedem anderen Baum in Atemkontakt treten. Kein Baum und keine Pflanze will Ihnen Böses oder Schlechtes. Vergessen Sie nicht: Bäume und Pflanzen sind Lebewesen, die Gefühle entwickeln und zeigen können. Behandeln Sie die Bäume gut und Sie werden dafür belohnt werden.

Heil-Übungen mit Tieren

Tiere spielen im Leben der Lakota eine große Rolle. Mit Hingabe und Demut rufen die Lakota die Tiere wie den Habicht, den Adler, den Bären, den Wapiti (Hirsch) und den Bison als Abgesandte der Götter an. Jedes der Tiere besitzt eine bestimmte Macht. Wanblee gleshka, der gefleckte Adler, fliegt der Sonne am nächsten. Er ist den Göttern so nahe, daß der mächtige Vogel als Vermittler und Botschafter zwischen Erde und Universum gilt. Großvater sagt: »Beinahe alle Tiere finden sich im Körper des Menschen wieder. Wir haben die selben Gene, Moleküle und Atome, wir atmen dieselbe Luft. Mitakuye Oyasin, es sind alles unsere Verwandten.

In jedem von uns steckt die Ausdauer des Wolfes, die Kraft des Bären, die Leichtlebigkeit des Adlers. Ihr Weißen habt nur verlernt, diese Werte in euch zu wecken und sie für euer tägliches Leben zu nutzen.«

In den nächsten Übungen werden Sie mit den Tieren in Ihrem Körper näher in Kontakt treten. Mit dem Adler, dem Bär, dem Bison, dem Hirsch, der Schildkröte und dem Wolf. Diese Tiere stehen mit Ihrem inneren Körper in Verbindung. Es sind Heilübungen, die Ihre Organe gesund halten und kräftigen. Sie können diese Tier-Übungen überall praktizieren. Zu Hause oder in der freien Natur. Wenn Sie die Tiere zu Hause rufen, suchen Sie sich einen Platz, der Ihnen behagt, Sie müssen sich wohlfühlen. Sie können dabei auch Musik hören. Sie sollte nur nicht zu laut sein, sonst lenkt sie zu sehr ab.

Die Adler-Übung

Der Adler fliegt der Sonne am nächsten. Mit den Federn des Adlers kann Großvater Krankheiten aus den Körpern seiner Patienten streichen. Jede Reinigung wird mit einer Adlerfeder vollzogen. Der Adler strahlt Intelligenz, Wachsamkeit und Gelassenheit aus. Die Adlerübung wirkt sich positiv auf die Lungen, die Haut und den Dickdarm aus. Die Kraft und Energie des Adlers hilft außerdem gegen Asthma, Hautkrankheiten, Darmbeschwerden, Raucherhusten und Kurzatmigkeit. Setzen Sie sich bequem in den Schneidersitz, breiten Sie die Arme aus, wie die mächtigen Schwingen des Adlers. Schließen Sie die Augen, sehen Sie sich als Adler. Sprechen Sie zu sich selbst: »Ich bin ein Adler, ich bin ein mächtiger Adler.« Stellen Sie sich eine wunderschöne Landschaft vor, über der Sie gerade schweben. Unter Ihnen erstrecken sich grüne Wälder, Wiesen, Seen, über Ihnen der tiefblaue Himmel. Sie lassen all Ihre Probleme auf der Erde zurück. Das Gefühl von totaler Freiheit stellt sich bei Ihnen ein. Alles, was gestern war, ist vergessen. Es zählt nur das Hier und das Jetzt. Ein mächtiger Berg kommt näher. Sie sehen unter sich steile Felsklippen, tiefe Schluchten. Sie fliegen in eine dieser Schluchten, ganz nahe am Fels vorbei. Wenn Sie ganz tief in dieser Visualisierung sind, stehen Sie langsam auf. Die Arme bleiben seitlich schräg erhoben. Jetzt öffnen Sie die Augen, gehen langsam vorwärts, ganz entspannt. Aber Geist und Augen sind hellwach, wie der Adler im Flug. Nehmen Sie mit Ihren Augen jeden noch so kleinsten Gegenstand wahr. Stellen Sie sich vor, die Wände Ihres Zimmers sind diese steilen Felswände des Bergmassivs. Atmen Sie dabei langsam in den Bauch ein und aus. Auf keinen Fall vor Spannung die Luft anhalten. Wenn Ihre Konzentration nachläßt, kehren Sie zu Ihrem Ausgangsort zurück. Setzen Sie sich wieder hin und schließen die Augen.

Ein letzter Blick aus der Luft auf die Wiesen und Wälder, dann bedanken Sie sich bei den Kräften des Adlers. Danken Sie Ihrer Haut, Ihrer Lunge und Ihrem Darm. Versprechen Sie Ihrer Lunge, daß Sie das Rauchen einstellen. Versprechen Sie Ihrem Darm, daß Sie in der nächsten Zeit Ihre Ernährung umstellen werden, sagen Sie Ihrer Haut, daß Sie mehr frische Luft bekommen wird.

Die Bär-Übung

Die Indianer sagen, der Bär sei ein halber Mensch. Bären und Indianer haben zusammen Tausende von Jahren auf einem Kontinent gelebt, beide gingen den selben Pfad, beide fischten die gleichen Lachse aus dem Fluß. Großvater sagt: »Bären sind wie wir Menschen. Sie tanzen, sie singen, sie freuen sich jeden Tag ihres Lebens.« Bären sind stark, mutig und tapfer. Die Bärenübung wirkt wohltuend auf die Bauchspeicheldrüse und den Magen. Sie ist gut bei Verdauungsstörungen, Diabetes sowie Über- und Unterzuckerung des Blutes.

Sie setzen sich wieder bequem und locker in den Schneidersitz, lassen diesmal ihre beiden Arme nach vorne hängen, so als wären es Bärentatzen. Jetzt schließen Sie wieder die Augen, stellen Sie sich vor, Sie wären ein Bär. Mit schweren Schritten streichen Sie durch das Unterholz. Sie nehmen eine Witterung auf, gehen langsam und bedächtig zu einem Fluß. In dem Wasser wimmelt es nur so von Lachsen. Sie spüren die Freiheit der Wildnis, streifen die Zwänge des Alltages ab, fühlen sich stark und mächtig. Jetzt stehen Sie wieder langsam auf, die Hände hängen immer noch vorwärts. Drücken Sie Ihre Knie durch, wölben Sie Ihren Magen nach vorne und gehen jetzt tapsig wie ein Bär auf und ab. Sie sind immer noch in Ihrem Wald, schauen bedächtig nach links und rechts.

Sie gehen solange, bis die Visualisierung langsam nachläßt. Dann danken Sie dem Bären für seine Kraft und dafür, daß er sich Ihnen gezeigt hat. Danken Sie Ihrer Bauchspeicheldrüse, Ihrem Magen und Ihrem Blut für die hervorragenden Dienste, die sie leisten. Versprechen Sie Ihrer Bauchspeicheldrüse, daß Sie nicht mehr soviel Süßes essen, Ihrem Magen, daß Sie sich beim Essen mehr Zeit nehmen, Ihrem Blut, daß Sie nicht mehr rauchen und weniger Alkohol trinken.

Die Bison-Übung

Noch vor rund 150 Jahren tummelten sich Millionen von Bisons auf der Prärie. Sie waren stolze und kräftige Tiere, Wind und Wetter konnten ihnen nichts anhaben. Sie waren frei und hatten keine natürlichen Feinde. Die Indianer sahen sie als direkte Brüder an. Der Bison sicherte das Überleben der Prärie-Indianer, deshalb wurde er so verehrt. Die Indianer und ihre Kultur starben, als die Weißen kamen und den Bison ausrotteten. Deshalb sollten gerade wir Weiße um die Kraft des Bisons bitten; als Wiedergutmachung. Die Bison-Übung kräftigt Ihr Herz, löst Verspannungen im Halsbereich und kräftigt unser Immunsystem.

Sie setzen sich wieder in den Schneidersitz, Ihre Hände legen Sie diesmal auf die Oberschenkel. Sie schließen Ihre Augen und sehen die weite Prärie vor sich. Sie sind jetzt ein Bison mit Zottelfell, unter Ihren Füßen spüren Sie frisches, saftiges Gras. Sie fühlen sich mächtig und stark, der Wind bläst in Ihr Fell, Sie trotzen Kälte und Regen. Sie kommen jetzt langsam aus dem Sitz hoch, knien sich hin. Die beiden Arme stemmen Sie wie die Vorderbeine des Bisons auf den Boden. Jetzt senken Sie den Kopf, um zu fressen. Langsam runter, bis Sie mit der Stirn den Teppich berühren. Verharren Sie so ein paar Sekunden, dann kommen Sie langsam wieder mit dem Kopf nach oben, bis er in einer Höhe mit der Schulter ist. Drehen Sie jetzt den Kopf langsam nach links, dann langsam nach rechts. Spüren Sie Ihre seitlichen Halsmuskeln? Drehen Sie den Kopf so weit, wie es Ihnen guttut, auf keinen Fall überdehnen. Tief in den Bauch und in den Brustraum einatmen, wenn Sie mit dem Kopf hochkommen, bewußt ausatmen, wenn Sie mit dem Kopf runtergehen. Auf keinen Fall die Luft anhalten und den Bauch nach innen pressen. Wenn das Bild der Prärie wieder vor Ihren Augen verschwindet, nehmen Sie wieder Ihren Platz ein. Bedanken Sie sich bei dem Büffel für sein Kommen. Bedanken Sie sich bei Ihrem Herzen, daß es jede Sekunde des Tages für Sie schlägt. Bedanken Sie sich bei den Halsmuskeln, deren Arbeit oft zu wenig gewürdigt wird.

Die Hirsch-Übung

Der Hirsch wird auch der König des Waldes genannt. Er ist groß und stark, aber auch sanftmütig und anmutig in seinen Bewegungen. Der Wapiti war ein beliebtes Jagdopfer der Indianer. Daher war er immer wachsam, ständig auf dem Sprung, häufig auf der Flucht. Das macht den Hirsch unberechenbar. Sein mächtiges Geweih verleiht ihm die Würde eines Herrschers. Die Hirschübung vertreibt Kopfschmerzen, lindert Sehstörungen und erhöhten Augeninnendruck. Sie setzen sich wieder an Ihren Platz, schließen die Hände zu Fäusten, so, daß die Finger die Daumen umfassen. Legen Sie die Fäuste mit den Zeigefingern auf die Stirn, genau über den Augen. Jetzt denken Sie, die Fäuste seien ihr Geweih. Sie streifen als Hirsch durch einen lichten Wald. Die Sonne schickt ihre Strahlen durch die Bäume, der Boden ist mit Blättern bedeckt. Es ist ein Ort des Friedens und der Ruhe. Denken Sie an eine schöne, sanfte Musik, die Sie mit der Lichtung des Waldes in Einklang bringt. Sie sind ganz entspannt, sind sich Ihrer majestätischen Haltung voll bewußt. Jetzt stehen Sie langsam auf, die Fäuste immer noch an die Stirn gedrückt. Sie gehen jetzt ein paar Schritte und ziehen dabei die Fäuste langsam auseinander. Lassen sie dabei die Mittelgelenke der Finger über die Stirn rollen, bis Sie mit Ihren kleinen Fingern an der Stirnseite zum Halten kommen. Diese Übung können Sie mehrmals wiederholen. Wenn das Bild des Hirsches nachläßt, setzen Sie sich wieder an Ihren Platz. Danken Sie dem Hirsch, daß er seine Energie schickte. Danken Sie Ihrem Kopf und Ihren Augen für die geleistete Arbeit.

Die Schildkröten-Übung

Die Schildkröte repräsentiert in der indianischen Mythologie Mutter Erde. Aus ihrer Substanz wurden die Körper aller lebenden Geschöpfe geformt. Die Schildkröte steht für ein langes Leben, für Weisheit und Genügsamkeit. Die Schildkröte ist auf dem Lande wie im Wasser zu Hause. Sie steht in Balance mit den vier Elementen Wasser, Erde, Feuer und Luft. Daher ist die Schildkröten-Übung äußerst wichtig für unseren Körper. Sie kräftigt die Nerven im Hals- und Nackenbereich, dehnt die gesamte Wirbelsäule, kräftigt die Schultermuskulatur und verbessert den gesamten Stoffwechsel.

Sie setzen sich wieder auf Ihren Platz. Legen Sie die Hände auf die Knie und schließen Ihre Augen. Lassen Sie das Bild einer großen Schildkröte vor Ihnen entstehen. Sie sehen das glasklare Meer, darin wimmelt es von Fischen und Korallen. Sie sind jetzt eine Schildkröte, lassen sich durch das warme Wasser treiben. Sie fühlen sich frei,

Streß und Sorgen fallen von Ihnen ab. Sie lassen sich gleiten, fast schwerelos. Sie bleiben diesmal sitzen, drücken jetzt den Kopf nach unten gegen das Brustbein. Wie die Schildkröte, die ihren Kopf in den Panzer zieht. Dabei atmen Sie durch den Bauch ein. Dann heben Sie Ihren Kopf, drücken ihn nach hinten in den Nacken; dabei atmen Sie langsam aus. Die letzte Luft pressen Sie aus Ihren Lungenspitzen, wenn der Kopf ganz hinten angelangt ist. Gleichzeitig ziehen Sie die Schultern hoch, soweit Sie dazu in der Lage sind. Diese Übung können Sie so oft wiederholen, bis das Bild der Schildkröte verschwindet. Dann setzen Sie sich wieder hin, danken der Schildkröte für ihr Kommen. Danken Sie auch Ihrem Kopf, dem Nacken, den Schultern und der Wirbelsäule für ihre Dienste.

Die Wolf-Übung

Der Wolf diente den Indianern als Lehrer und weiser Führer. Ein Wolfsträumer wurde meist ein weiser Häuptling oder Ratgeber. Wölfe sind die Stammesväter unserer Hunde. Von Wölfen können wir lernen, wie eine Gemeinschaft in der Wildnis überlebt. Wölfe sind schlau, aber nicht hinterhältig. Wölfe galten bei den Indianern als Mondtiere, die von den spirituellen Kräften des Universums geleitet wurden. Die Wolfsübung stärkt die Seele, reinigt die Atemwege der Nase und stimuliert die Geruchs- und Geschmacksnerven. Sie setzen sich wieder in Ihren Sitz. Die Hände formen Sie zu Wolfsklauen, legen diese auf die Oberschenkel. Sie schließen wieder die Augen. Sie sehen einen Tannenwald vor sich, im Tal liegt der Frühnebel. Es ist noch etwas frisch, die Luft ist rein und klar. Sie hören Äste knacken, sehen den ersten Wolf in seinem dichten, seidig glänzenden Fell. Jetzt sind Sie selbst ein Wolf. Sie sehen ihre Schnauze, spüren ihren feuchten Atem. Sie sind wachsam, nichts entgeht Ihren wachen Augen. Hunderte verschiedene Gerüche steigen in Ihre Nase. Versuchen Sie sich vorzustellen, wie ein Tannenzapfen riecht oder wie die Blüten eines Kirschbaumes duften. Nehmen Sie jetzt Ihre Tatzen (Hände) und fahren sich damit durch das Gesicht. Vom Nasenansatz zwischen den Augen die Nase entlang, an den Flügeln vorbei, dann schräg über die Wangen. Stellen Sie sich vor, Sie putzten so ihr Fell. Bleiben Sie solange bei den Wölfen, bis das Bild verflacht. Danken Sie dem Wolf für seine Energie, danken Sie ihrer Nase und ihrem Mund.

Nicht jeder Mensch ist in der Lage, sich Bilder auf Anhieb visionell vor Augen zu führen. Man kann es aber trainieren. Betrachten Sie einen Gegenstand, ein Bild, eine Vase, oder eine Skulptur. Prägen Sie sich diesen Gegenstand genau ein, schließen Sie dann die Augen. Jetzt versuchen Sie, sich die Vase bildlich in Erinnerung zu rufen. Sollte das nicht gleich beim ersten Mal klappen – nur Mut. In der freien Natur geht das auch. Setzen Sie sich auf eine Bank, betrachten Sie einen Baum oder eine Parklandschaft. Dann versuchen Sie sich dieses Bild in Erinnerung zu rufen.

Großvater spricht

Großvater ist ein fantastischer Reiter. Ein Nachbar hat mehrere Pferde. Der alte Mann sitzt wie ein junger Krieger auf seinem Shuunka Takan. Auf Lakota heißt Pferd: sehr großer Hund oder auch Shuunka wakan, Heiliger Hund. Wir ritten oft stundenlang über die Prärie, immer entlang der alten Eisenbahnlinie. Manchmal waren wir zwei volle Tage unterwegs. Nachts saßen wir am Lagerfeuer, wärmten unsere klammen Finger. Wir tranken Kaffee und knabberten Kekse. In diesen Nächten hatten wir viel Zeit. Großvater sprach über viele Dinge, die für ihn und sein Volk von großer Wichtigkeit und Bedeutung waren.

Die Heilkräuter

»Heilkräuter leben in Familienverbänden. Es sind verschiedene Stämme, die den Stämmen der Indianer sehr ähnlich sind. Jeder Stamm hat eine Stammesmutter. Wer Kräuter sammelt, muß erst einmal die Pflanzen-Mutter aufsuchen. Für euch Weiße mag jede Blume und jeder Strauch wie der andere sein, ich sehe da große Unterschiede. Eine Stammes-Mutter ist einfach zu erkennen. Sie wächst im Zentrum des Familien-Verbandes. Um sie herum gedeihen ihre engsten Angehörigen. Sie haben die größte Energie und die meiste Kraft. Je weiter die Pflanzen von ihrer Mutter entfernt wachsen, desto geringer sind die Kräfte. Aber es gibt auch Außenposten, die im

Rang gleich hinter der Mutter kommen. Es sind die sogenannten Soldaten des Pflanzenstammes. Ihr Stiel und ihre Blätter sind kräftiger und robuster als die der anderen Pflanzen. Der Mutter sage ich, daß ich einige Pflanzen ihrer Familie mitnehmen werde, um aus ihnen Heiltinkturen zu machen. Als Zeichen meiner Dankbarkeit streue ich etwas Tabak oder Maismehl aus. Ich nehme immer nur soviele Pflanzen mit, wie ich wirklich benötige. Wichtig ist, immer die ganze Pflanze mit der Wurzel aus der Erde zu ziehen. Pflanzen mit Samen dürfen nicht gepflückt werden. Die Kräfte der Heilkräuter sind bei zunehmendem Mond größer als bei abnehmendem Mond. Wer bei Vollmond Kräuter sammelt, sollte genau aufpassen. Denn in dieser Nacht verschieben sich die Energien. Kräuterpflanzen sind sehr sensible Lebewesen, sie reagieren auf die kleinsten Gefühlsausbrüche. Sie spüren sofort, wenn mich etwas bedrückt oder wenn ich traurig bin. Sie versuchen mich dann aufzuheitern. Sie senden ganz bestimmte Duftstoffe aus, die mich wieder fröhlich stimmen. Heilkräuter wissen genau, warum sie auf der Welt sind, sie kennen ihre Bestimmung. Sie geben gerne ihr Leben, um Menschen oder Tiere wieder gesund zu machen. Man muß nur die Gesetze der Höheren Wesen respektieren.

Die Zahl Vier

»Die Zahl Vier spielt im Leben der Lakota eine große Rolle. Tunkashila hat das Universum und die Welt mit der Zahl Vier belebt. Es gibt vier Himmelsrichtungen – Westen, Osten, Norden und Süden, es gibt die vier Winde. Es gibt vier Gesichter: das Gesicht eines Kindes, eines Jugendlichen, eines Erwachsenen und das eines Alten. Es gibt vier Jahreszeiten, vier Rassen von Männern und Frauen – rot, gelb, schwarz und weiß. Es gibt vier Dinge die atmen: Jene, die kriechen, solche, die fliegen, welche die auf zwei Beinen gehen und solche, die auf vier Beinen gehen. Es gibt vier Abschnitte der Zeit: den Tag, die Nacht, den Mond und das Jahr. Es gibt vier Teile aller Pflanzen, die aus der Erde wachsen: Wurzeln, Stamm, Blätter und Früchte. Damit nicht genug, gibt es vier Dinge über der Erde: Himmel, Sonne, Mond und Sterne. Es gibt vier Elemente: Das Feuer, das Wasser, die Erde und die Luft. Es gibt vier Arten von Göttern: Die Großen, die Verbündeten der Großen, die Götter unter ihnen und die Geister. Und schließlich hat das menschliche Herz vier Kammern, vier Finger an jeder Hand, vier Finger an jedem Fuß. Und die Daumen und großen Zehen sind zusammen wieder vier.«

Der Kreis

Wakanyan inyankin kte
Wakanyan inyankin kte
Canhlexka wan luzahan inyankin kte
Canhlexka wan luzahan inyankin kte
Wawanyang upo
Wawanyang upo
Ate heye lo, ate heye lo,
ate heye lo.

Der heilige Kreis dreht sich
Der heilige Kreis dreht sich
Wie der flinke Kreis sich dreht
Wie der flinke Kreis sich dreht
Komm und schau
Komm und schau
Mein Vater hat's gesagt, mein Vater hat's gesagt,
mein Vater hat's gesagt.

Geistertanz-Lied, Süd Dakota.

»Der Kreis ist uns Indianern heilig, er symbolisiert das ewige Leben. Jeder Stern und jeder Planet ist rund, Mutter Erde ist rund und somit ein Kreis. Die Sonne, die uns wärmt, ist rund wie ein Schild, auch der Mond. Der Tag ist rund, er geht in einem Kreis über den Himmel. Die Stämme der Bäume sind rund, wie die Stiele aller Blumen auf dieser Welt. Die Vögel bauen runde Nester in den Wipfeln der Bäume, die Horste der Adler in den Felswänden sind rund. Rund sind auch unsere Tipis in denen wir wohnen und bei allen Zeremonien sitzen wir im Kreis. Unsere Schilde, die gegen Kugeln und Pfeile schützten, sind rund. Wenn wir tanzen, bewegen wir uns im Kreis. Der Kreis ist uns heilig. Denn Wakan Tanka hat alles im Kreis erschaffen, er symbolisiert das ewige Leben. Die Mundstücke unserer heiligen Pfeifen sind rund, wie das Medizinrad, das unser Leben in vier Abschnitte teilt. Die Höhleneingänge der Tiere sind rund, nur runde Dinge rollen und sind ständig auf der Suche nach neuen Wegen. Der weiße Mann kam in unser Land und hat diese heiligen Dinge mißachtet. Er trieb uns Indianer aus den Tipis, steckte uns in eckige Häuser, in denen die Geister keine Ruhe fanden. Sie blieben nicht in den Häusern und verließen für viele Jahre mein Volk. Unzählige Sommer und Winter lebten wir ohne unsere Geister, die keine Tipis mehr hatten, wo sie sich ausruhen konnten. Wie wir Indianer, haben sich im Laufe der Zeit auch die Geister an diese Häuser gewöhnt, aber wir sind nicht mehr die selben, die wir früher waren. Der weiße Mann mit seiner menschenfeindlichen Technologie hat uns viel Kraft und Energie genommen. Seine Art zu leben ist nicht unsere Art zu leben. Der Kreis ist uns Indianern heilig. Im Kreis fühlen sich die Geister wohl, nicht in einem eckigen Haus. Ich wohne auch in so einem Haus, das mir der weiße Mann hingestellt hat. Ich bin alt und kann nicht mehr kämpfen. Die Jungen sind auch schon alt, der weiße

Mann hat sie alt gemacht und mit seinem Fortschritt vergiftet.«

Habt ihr schon gehört,
habt ihr schon gehört,
die Büffel kommen wieder,
die Büffel kommen wieder,
mein Vater hat's gesagt.
Die Toten kommen wieder,
die Toten kommen wieder,
mein Vater hat's gesagt.
Die Erde wird wieder neu,
die Erde wird wieder neu,
die Mutter hat's gesagt.
Geistertanz-Lied, Süd Dakota.

Die Wahrheit

»Die Wahrheit hat für uns Indianer eine ganz große Bedeutung. Das Wort Lüge gibt es in unserer Sprache nicht. Lügen würde heißen, Tunkashila zu betrügen oder ihn gar in Frage zu stellen. Wir haben erst durch die Weißen erfahren, was es bedeutet, nicht die Wahrheit zu sagen. Ihr habt uns gesagt, die Black Hills, unsere heiligen Berge, sollten für immer den Lakotas gehören. Wir haben euch geglaubt. Denn die Warheit ist uns heilig. Wir haben die Pfeife darauf geraucht. Der Rauch der Pfeife stellt die Wahrheit dar, die zu Tunkashila in den Himmel aufsteigt. Wer diese Wahrheit bricht, der wird bestraft. Die Weißen haben die Wahrheit oft gebrochen. Sie haben uns die Black Hills wieder genommen, weil sie in den Bergen Gold gefunden haben. Gold ist den Weißen wichtiger als die Wahrheit. Ein Indianer würde für alles Gold dieser Erde nicht lügen. Wir kennen dieses Wort gar nicht. Ein Lakota, der von seiner Vision erzählt, spricht die Wahrheit. Er erzählt uns nicht irgendeine Geschichte. Nein, er hat es so erlebt. Oft bleiben die Visionen aus, dann hat man nichts zu erzählen. Wir gehen dann stumm in unser Tipi und fragen Wakan Tanka, warum er unser Flehen nicht erhört hat. Kein Indianer würde von einer Vision erzählen, die er nicht wirklich erlebt hat. Er raucht die Pfeife darauf, dann ist diese Wahrheit heilig, so heilig wie Wakan Tanka selbst. Einem Weißen ist es einerlei, ob er lügt oder die Wahrheit spricht. Lüge und Wahrheit, das ist für euch wie Vor- und Nachmittag. Ihr habt vergessen, was die Wahrheit für euer Leben bedeutet. Die Warheit bedeutet Friede, Liebe, Ehrfurcht, Demut und Dankbarkeit. Eure Liebe gehört dem Geld und dem Materialismus. Euren Frieden findet ihr an der Börse, wenn die Kurse der Aktien in die Höhe schnellen. Eure Ehrfurcht gehört dem Chef, der es sich leisten kann, einen 100.000-Dollar-Luxus-Schlitten zu fahren. Eure Demut und Dankbarkeit gehört dem Geldberater in der Bank, wenn er saftige Gewinne erwirtschaftet hat. Aber die Wahrheit bleibt dabei auf der Strecke. Der Rauch der Pfeife ist der Atem Tunkashilas und somit die Wahrheit. Habt ihr das aus eurer Bibel nicht gelernt?«

Der Tod

»Wir Lakota haben keine Angst vor dem Sterben. Wir wissen, daß der Tod nur ein Abschnitt des Lebens ist, er hat für uns keinerlei Bedeutung. Früher war es eine Ehre auf dem Schlachtfeld sein Leben zu lassen. Heute bekriegen wir Indianer uns nicht mehr, das ist auch gut so. Frauen und Männer, die in ihrem Leben viel gebetet und die spirituellen Gesetze des Universums befolgt haben, deren Seele ist reich an Erfahrung. Wenn unsere Körper zu Erde werden, leben unsere Seelen als Geister weiter. Es gibt kein Heute und kein Morgen, alle Zeit ist eins. Es gibt auch kein Hier und Dort, alle Orte sind eins. Wir leben im Land der tausend Zelte, sind aber auch hier auf der Erde und überall im Universum. Zeit und Raum sind eins. Wir suchen uns Menschen aus, die es wert sind, unterrichtet zu werden. Frauen und Männer, die von Geistseelen geführt, gelenkt und beschützt werden, wissen um dieses Privileg. Sie treten durch das Gebet mit uns in Verbindung. Menschen, die beten, haben einen starken Schutzgeist. Aber Menschen, die Tunkashilas Güte und Liebe nicht erkennen, denen können wir nicht helfen. Das ist der Sinn des Todes. Die Seelen der Verstorbenen leben als Hüter, Lehrer und Beschützer der Lebenden weiter.«

Die Adlerfeder

»Wanblee, der Adler. Er ist der Bote Tunkashilas. Adlerfedern sind heilig, sie haben die Kraft des Schöpfers. Adlerfedern repräsentieren die Nation der Lakota. Früher haben Krieger und Häuptlinge Adlerfedern getragen, um ihre Würde und Tapferkeit zu zeigen. Wer einen Bär mit dem Messer erlegte, bekam eine Adlerfeder verliehen. Eine Adlerfeder gab es auch zur Geburt eines Kindes. Das ist heute auch noch so. Zur Hochzeit bekommt das Brautpaar je eine Feder. Die Frau eine rechte, der Mann eine linke. Den weißen Adlerflaum nennen wir ›Großvaters Atem‹. Mit einem Adlerflügel beräuchern wir kranke Menschen. Wir ziehen damit negative Energien aus dem Körper. Es ist schon oft passiert, daß nur die Feder einen Kranken geheilt hat. Wer eine Adlerfeder besitzt, sollte sehr sorgsam mit ihr umgehen. Sie ist heilig. Früher hatten wir viele Federn. Wir fingen die Adler, zogen ihm vier Federn aus und ließen ihn wieder fliegen. Früher waren zwölf Adlerfedern soviel wert wie ein gutes Pferd. Das ist auch heute noch so. Aber heute müssen wir die weißen Park-Ranger fragen, wenn wir heilige Federn besitzen wollen. Wir werden auf eine Warteliste gesetzt. Es ist beschämend, daß wir Indianer um unser Heiligstes betteln müssen. Wenn ein Ranger dich nicht leiden kann, gibt es überhaupt keine Adlerfedern. Für mich ist es einfacher. Ich spreche mit den Vögeln und bitte sie um ein paar Federn. Einmal kreisten zwei Adler über meinem Kopf. Sie stießen schrille Schreie aus, kamen mir immer näher. Sie flogen ein Stück voraus, ich folgte ihnen. Sie führten mich zu einem toten Adler, der unter einem Strommast lag. Er war noch jung und erst vor kurzem ums Leben gekommen. Vermutlich war er beim Jagen gegen die Stromleitung geflogen. Vielleicht war er auch für mich gestorben, weil er wußte, daß ich seine Federn benötige. Mit seinen beiden Flügeln habe ich schon viele Kranke geheilt. Aus seinen Knochen schnitze ich Adlerknochen-Flöten, die wir für den Sonnentanz und die yuwipi-Zeremonie benötigen. Den Kopf habe ich präpariert und an meinen Schild befestigt. Jetzt besitze ich auch die Kraft eines jungen Adlers.«

Die sieben Quellen der Kraft

In diesem Buch habe ich über viele Kräfte und Energien geschrieben. Auf sieben Kraftquellen möchte ich hier noch etwas näher eingehen.

Die Kraft der Frauen

Eine Kraft, über die es sich lohnt, ein ganzes Buch zu schreiben, ist die Kraft der Frauen. Frauen sind stärker als Männer. Überall auf dieser Welt lastet auf den Schultern der Frauen mehr Gewicht als ein Mann je tragen könnte. Da ich als Mann diese Kräfte nicht besitze, sollte es eigentlich den Frauen vorbehalten sein, über sie zu schreiben. Mary Crow Dog hat ein wunderbares Buch über indianische Frauen-Power geschrieben: »Lakota Woman. Die Geschichte einer Sioux-Frau«. Ich kann über die Kräfte der Lakota-Frauen nur das berichten, was mir Großvater erzählte und was ich auf meinen Reisen erlebte und gesehen habe.

Frauen spielen im Leben der Lakota eine große, ja entscheidende Rolle. War es doch eine Frau, die den Lakota die Heilige Pfeife und die sieben Heiligen Zeremonien brachte. Kinder sind für die Lakota das höchte Gut auf Erden. Großvater sagt: »Kinder sichern nicht nur den Fortbestand des Stammes. Mit jeder Generation geht die spirituelle Saat unserer Großväter von neuem auf. Aus dem Samen wird eine Pflanze, die ihre Blüten und Blätter dem Himmel entgegenstreckt. Jede dieser Pflanzen ist ein Kind

Tunkashilas.« Deshalb genießt eine Mutter in ihrer Stammes-Gemeinschaft und erst recht in der einzelnen Familie ein hohes Ansehen. Früher heiratete der Mann in die Familie der Frau. Ihr gehörte das Tipi und der ganze Hausrat, der Mann war arm wie eine Kirchenmaus. Wenn eine Frau sich von ihrem Ehemann trennen wollte, setzte sie ihn einfach vor die Tür ihres Zeltes.

Die Kraft der Frauen ist so stark, daß sie selbst von Medizinmännern gefürchtet wird. Großvater erzählte mir: »Wenn eine Frau ihre Periode hat, ist sie ›auf dem Mond‹, sie ist isnati. Eine Frau, die ›auf dem Mond‹ ist, hat mächtige Kräfte. Sie setzt alle spirituellen Energien außer Kraft und verwirrt alle Geister. Darum dürfen Mondfrauen bei keiner Zeremonie teilnehmen. Das könnte großen Schaden anrichten.« Das ist auch der Grund, warum es bei den Indianern so wenige Medizinfrauen gibt. Eine winjan wakan, eine Heilige Frau, kann erst in den Wechseljahren die Kräfte der Höheren Wesen empfangen. Auf einem Seminar von Archie Fire Lame Deer in der Eifel, waren zwei Frauen auf dem Berg zur Visionssuche. Was keiner wußte: Eine von ihnen war isnati, »auf dem Mond«. Joe Irmer erzählte mir: »Unten im Lager erkrankten plötzlich alle Leute an einer Magen- und Darmgrippe. Sie litten an Durchfall und Übelkeit. Archie spürte sofort, daß da Mondkräfte am Werk waren. Wir gingen auf den Hügel, nahmen die Frau mit hinunter ins Lager. Wir reinigten sie mit Salbei und quartierten sie ins Mondtipi ein. Schlagartig wurden alle wieder gesund. Ich nehme diese Kräfte sehr ernst und halte mich strikt an die spirituellen Gesetze. Es kann einfach zu viel passieren.«

Dennoch kam es immer wieder vor, daß auch jüngere Frauen das Erbe ihrer Medizinväter antreten mußten. Anfangs des 20. Jahrhunderts waren es die Medizinfrauen, die das kulturelle Überleben des Stammes sicherten. Ihre Männer, Väter und Großväter waren bei den letzten Schlachten und Massakern ums Leben gekommen. Die heranwachsenden Söhne wurden von den Soldaten in weiße Missionsschulen gesteckt. Es waren die zurückgebliebenen Frauen, die ihren noch kleinen Kindern die Heiligen Geschichten der Großväter erzählten. Der Kraft dieser Frauen ist es zu verdanken, daß die Tänze, Lieder und Heilkräfte nicht ganz in Vergessenheit gerieten. Die Frauen waren es, die über Jahre die Verantwortung des ganzen Stammes auf ihren ausgemergelten Schultern trugen. Sie hüteten die Schafe, unterrichteten die Kinder, heilten Kranke, hielten Zeremonien ab, nähten Tipis und Kleidung und gaben die Hoffnung niemals auf, eines Tages wieder in Stolz und Würde leben zu können.

Heute gibt es nur noch wenige Medizinfrauen, dafür immer mehr Kräuter-Heilerinnen und Traumdeuterinnen. Die Heilkräfte der Kräuterfrauen sind weit über die Reservatsgrenzen hinaus berühmt. Großvater erzählte mir, daß Salbei eine Heilpflanze der Frau ist. »Salbei hilft bei Menstruationsbeschwerden, ebenso die Frauenwurzel und die Wachsmyrte. Salbeitee wirkt krampflösend und bringt das Blut zum Stillstand. Im Gegensatz zur Frauenwurzel. Sie fördert die Blutung. Frauenwurzel und Seifenkraut in der richtigen Mischung, ergibt ein Mittel zur Abtreibung. Kalmus gehört auch zu dieser Pflanzenart. Aber die Abtreibung gehört nicht zu unserem Heilverständnis. Wir machen so etwas nur in ganz wenigen Ausnahmefällen. Wir beten dann lange zu Tunkashila. Erst wenn er uns ein Zeichen gibt, wissen wir, daß nichts Unrechtes geschieht.«

Tsche ki aio
a hi tu wai-on kelo

Wioch pea ta
kja-eto wai-on
Ne tunkashila
a hi tu wai-on kelo
Tsche ki aio
Tsche ki aio
a hi tu wai-on kelo
Ha-eo

Uasiya ta
kja-eto wai-on
Ne tunkashila
a hi tu wai-on kelo
Tsche ki aio
Tsche ki aio
a hi tu wai-on kelo
Ha-eo

Wian na pa ta
kja-eto wai-on
Ne tunkashila
a hi tu wai-on kelo
Tsche ki aio
Tsche ki aio
a hi tu wai-on kelo
Ha-eo

Ito kacha ta
kja-eto wai-on
Ne tunkashila
a hi tu wai-on kelo
Tsche ki aio
Tsche ki aio
a hi tu wai-on kelo
Ha-eo

Wanka ta
kja-eto wai-on
Ne tunkashila
a hi tu wai-on kelo
Tsche ki aio
Tsche ki aio
a hi tu wai-on kelo
Ha-eo

Maka ta
kja-eto wai-on
Ne tunkashila
a hi tu wai-on kelo
Tsche ki aio
Tsche ki aio
a hi tu wai-on kelo
Ha-eo

Bete immer, bete immer,
die Spirits behüten dich.

Schau nach Westen,
dein Großvater, der Große Geist
behütet dich immer.
Bete immer, bete immer,
dein Großvater behütet dich.

Schau nach Norden,
zu deinem Großvater, dem Großen Geist.
Beter immer, bete immer.
Dein Großvater, der Große Geist behütet dich.

Schau nach Osten,
dein Großvater, der Große Geist behütet dich.
Und bete immer und bete immer.

Schau nach Süden,
dein Großvater, der Große Geist
schaut auf dich herunter.
Bete immer und bete immer.

Schau hinauf zu deinem Großvater,
denn er behütet dich.
Bete immer und bete immer.

Schau zur Erde
– dich beziehend auf den Großvater –
die deine Großmutter ist
und dich immer behütet.
Bete immer, bete immer,
bete immer für alle Dinge.

Dieses Lied heißt Lied der vier Himmelrichtungen oder »Women's Sweat Loge Song« (Frauenschwitzhütten-Lied).

Die Kraft der Liebe

»Die Liebe ist der Motor unseres Lebens«, sagt Großvater. Der alte Indianer hat mir in der Zeit unserer Begegnung unendlich viel Geduld und Liebe entgegengebracht. Für Großvater ist Liebe, Geben und Schenken ein heiliges Ritual, mit dem er die Güte Tunkashilas für jeden spürbar macht. Er liebt die Menschen, die Tiere, die Pflanzen und die Steine aus seinem ganzen Herzen heraus. Jedes Gebet von Großvater ist eine Liebeserklärung an den Schöpfer und die Höheren Wesen. »Liebe ist der Schlüssel zum Frieden, den wir uns alle so sehr wünschen. Nicht nur in den Krisenregionen dieser Welt, Liebe ist auch der Schlüssel zu unserem eigenen, inneren Frieden.«

Schon als Baby spüren wir, ob wir von unserer Mutter geliebt werden oder nicht. Die Lakota versuchen ihren Kindern soviel Liebe wie möglich zu geben, damit diese Liebe auch für die nächsten Generationen auf fruchtbaren Boden fällt. Ich habe noch nie gehört oder gelesen, daß auf Pine Ridge kleine Kinder sexuell mißbraucht und umgebracht werden. Schon gar nicht von den eigenen Eltern. »Kinder sind uns heilig«, sagt Großvater, »sie verdienen unsere ganze Liebe, so wie Tunkashila uns Lakota liebt. Wir spüren und sehen seine Liebe jeden Tag. Wenn wir die Sonne begrüßen oder den Flug des Adlers am Himmel beobachten. In jedem Regentropfen steckt die geballte Liebe Tunkashilas.«

Großvater begegnet jedem Patienten mit seiner ganzen Liebe. In dem Augenblick, in dem er sich entschließt, für ihn eine Heilzeremonie durchzuführen, geschieht dies aus Liebe zu dem kranken Menschen. Großvater erklärt das so: »Ich versuche durch meine Liebe, die Liebe im Herzen des anderen zu wecken. Denn Liebe spielt bei der Heilung eine große Rolle. Die Höheren Wesen helfen mir nur, wenn sie meine Liebe spüren und dadurch auch die Liebe des Patienten entflammt wird. Er muß die Liebe zu sich selbst entdecken, um gesund zu werden.« Es ist immer wieder schön zu beobachten, wie die Patienten die Liebe Großvaters dankbar aufnehmen und ihm zurückgeben. Diese Verschmelzung der Gefühle ist ein Teil des Indianischen Heil-Geheimnisses.

Sich selbst lieben zu lernen ist nach Ansicht von Großvater die größte Kunst und das größte Geschenk, das man sich selbst machen kann. »Nur wer sich selbst liebt, geht mit erhobenen Hauptes durch die Welt. Er besitzt genug Selbstwertgefühl, um sich aller Probleme und negativen Einflüsse zu erwehren. Wer sich selbst Liebe entgegen bringen kann, akzeptiert sich so, wie er ist, mit all seinen Schwächen und Fehlern. Die Kraft der eigenen

Liebe reinigt Seele und Körper. Die Liebe ist ein Schild, das man unsichtbar vor sich herträgt. Ein Mensch, der anderen Menschen mit Liebe begegnet, hat keine Krankheit zu fürchten. Er hat die Stärke und Güte Tunkashilas in sich.«

Die Kraft des Schildes

Der Schild war in den Tagen der Indianerkriege aus Büffellrohhaut gefertigt. Die Haut wurde erst gegerbt, dann über einem Baumwollholz-Feuer gehärtet. Ein Baumwollholz-Feuer schlug keine Funken, das Leder konnte deshalb nicht verletzt werden. Zum Schluß wurde Wasser über die Steine gegossen. Über dem Dampf schrumpfte das aufgespannte Leder zusammen, es wurde noch härter. Außerdem konnte man es besser formen. Die Haut eines Kriegsschildes stammte vom Büffelschädel. Das Leder eines Kriegsschildes war so hart, daß sogar Kugeln an ihm abprallten. Die Schilde waren relativ klein, damit sie beim Reiten nicht störten. Ein guter Schild war für jeden Krieger die halbe Lebensversicherung. War die Haut nach dem Räuchern hart, wurde sie mit Wildleder überzogen und mit den Symbolen des Besitzers bemalt. Es waren Medizinsymbole aus Träumen und Visionen, sie sollten den Träger vor Gefahren schützen. Häufig wurden die Schilde von einem Tierträumer angefertigt. Er übertrug seine kraftvolle Medizin auf den Schild und somit auf den späteren Besitzer. Ein guter Schild hatte den Wert eines Pferdes.

Aber Schilde wurden nicht nur für den Kampf gefertigt, Schilde waren wie spirituelle Visitenkarten eines jeden einzelnen Lakota. In den alten Tagen stand in den Camps vor jedem Tipi ein Tripod, ein Holzgestell aus drei Beinen. Daran hing der Schild. Anhand der Bemalung wußte jeder

Besucher sofort, mit wem er es hier zu tun hatte. Häuptlinge, tapfere Krieger und weise Männer hatten die prächtigsten Schilde. Sie waren bemalt mit Nachrichten aus der Geisterwelt. Es hingen Medizinbeutel dran, dazu Federn

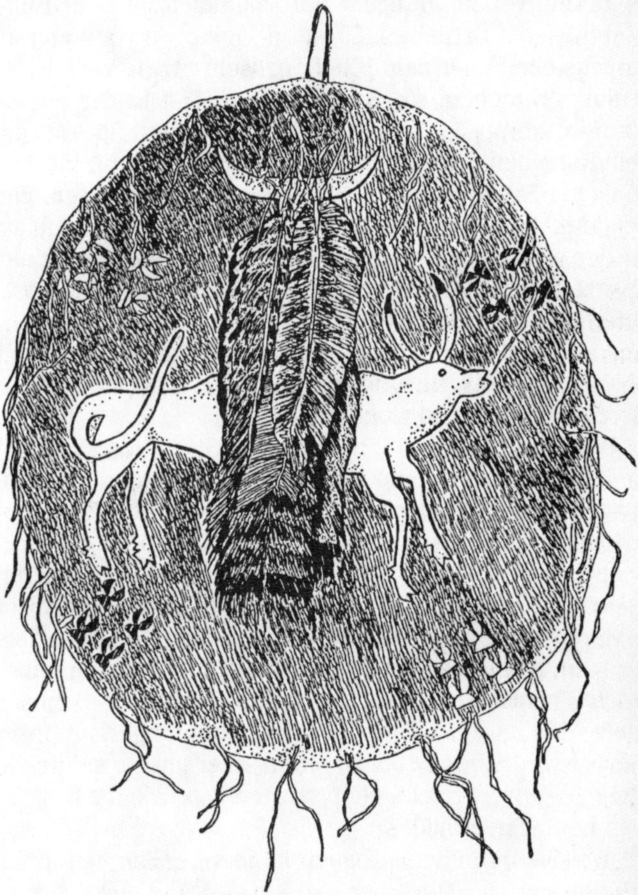

Abb. 19: Der Schild eines Lakota-Kriegers.
Das aufgemalte Tier soll einen Hirsch darstellen. Die Adlerfedern sollen dem Träger die Kraft der geflügelten Wesen verleihen.

und Knochen der Krafttiere. Auch Frauen hatten ihren ganz persönlichen Schild.
Die Kraft des Schildes können wir uns heute auch noch zunutze machen. Als schützenden Panzer gegen böse Worte und Verleumdungen. Mobbing heißt das neue Kultwort in vielen Betrieben. Es ist »in«, Kollegen vor anderen bloßzustellen oder beim Chef anzuschwärzen. Viele Menschen zerbrechen, sie werden krank. Erst in der Seele, dann im Körper. So wie früher die Pfeile und Speere der Feinde an den Kriegsschilden abprallten, so kann Ihr persönlicher Schild Sie vor negativen Energien schützen. Ein Schild ist keine leblose Dekoration, das wie ein Gemälde an der Wand hängt. Großvater erklärt das so: »Ein Schild besitzt die Kraft der Höheren Wesen. Die Aura eines selbstgefertigten Schildes ist fest und kaum zu durchdringen. Wer seinen Schild in Gedanken stets bei sich trägt, dem können böse Worte und giftige Blicke nichts anhaben. Herz und Seele sind wohlbehütet.«

Bemalen Sie Ihren Schild mit den Symbolen Ihrer spirituellen Erlebnisse und Erfahrungen. Das können Erfahrungen während einer Schwitzhütte oder einer Visionssuche sein. Oft reicht schon eine Meditation oder ein innig gesprochenes Gebet, um Antworten von den Höheren Wesen zu erhalten. Damit diese spirituellen Kräfte nicht verloren gehen, werden sie auf den Schild gemalt. Das können bestimmte Tiere sein, Steine oder Pflanzen, aber auch Phantasieobjekte. Die runde Form des Schildes stellt den ewigen Kreislauf der Schöpfung dar. Unser Körper wird eines Tages zu Staub, aber unsere spirituelle Energie, unsere Seele, bleibt unsterblich. Wie die Kraft eines bemalten Schildes.

Wie Sie Ihren Schild bauen können, erkläre ich Ihnen im Anhang.

Die Kraft der Steine

»Steine sind das älteste Volk«, sagt Großvater. »Respektiere es, wie du alle Völker auf dieser Erde respektieren solltest. Das gilt auch für die Tier- und Pflanzenvölker. Steine haben eine alte Seele, sie können dir Führer und Lehrer sein.« Ich habe so einen alten, weisen Stein zu Hause. Die Geschichte, wie ich zu dem Stein gekommen bin, möchte ich Ihnen gern erzählen.

Oft war Großvater schon früh morgens unterwegs, und ich hatte dann Zeit, mit dem Auto die Gegend zu erkunden. Einmal fuhr ich zu den Bad Lands, einem Nationalpark am Rande der Pine-Ridge-Reservation. Die Bad Lands sind eine bizarre Steinlandschaft, Hunderttausende Jahre alt, ausgewaschen von Wind und Regen. Es gibt dort kugelrunde Felsen, spitze Türme, ovale Scheiben, die übereinander getürmt aussehen wie riesige Hamburger. In den Bad Lands grasen die letzten Büffel, zwischen den Felsenschluchten streunen Kojoten und Adler suchen kreischend nach Nahrung. Ich ließ mein Auto stehen, wanderte tief in diese bizarre Steinwildnis hinein. Nach über einer Stunde Fußmarsch setzte ich mich auf eine Felsplatte, um mich ein wenig auszuruhen. Dabei schaute ich mir die Gegend in Ruhe an. Dabei fiel mein Blick auf einen kleinen Stein, der neben meinem linken Stiefel lag. Ich hob ihn auf, betrachtete ihn genauer. Es war ein sonderbarer Stein. Etwas kleiner als meine ausgestreckte Hand und ganz eigentümlich geformt. Von der Seite betrachtet sah ich ein kleines Nilpferd, das auf dem Rücken einer Seekuh saß. Ganz deutlich war das große Maul des Nilpferdes zu erkennen. Es schaute mich mit großen Augen an, das Gesicht war von Löchern und Furchen durchzogen. Auch der Kopf der Seekuh war klar und deutlich zu sehen. Das Nilpferd saß verkehrtherum auf dem Rücken. Wenn ich den Stein umdrehte, erkannte ich die

Form eines abstrakten Frauenkörpers. Der Stein war Tier und Mensch in einem. Ich war fasziniert, betrachtete ihn eine ganze Weile. Ich wollte diesen Stein unbedingt mitnehmen. Da ich aber noch weitergehen wollte, legte ich ihn vorsichtig auf die Felsplatte, um ihn beim Zurückgehen abzuholen. Aber ich verlief mich in dem Gewirr von Felsblöcken und Steinformationen, fand die besagte Felsplatte nicht mehr wieder. Ich ging mehrere Wege zurück, suchte überall; keine Spur von dem Stein. Erst als es langsam dunkel wurde, machte ich mich traurig auf den Heimweg. Ich mußte ständig an diesen Stein denken. Wo konnte er nur geblieben sein? Großvater saß bei Kerzenschein in der Hütte, als ich eintrat. Er blickte nur kurz hoch. Ich erzählte ihm die Geschichte von diesem verschwundenen Stein. Er sagte nur: »Das kann passieren«, damit war für ihn die Sache erledigt.

Am nächsten Morgen begrüßten wir wieder die Sonne, so wie fast jeden Tag. Nach der Meditation und dem Gebet verließ Großvater kurz den Platz, was er sonst nie tat. Er verschwand hinter einem Grashügel, blieb gut zehn Minuten verschwunden. Als er zurückkam, drückte er mir etwas in die Hand. »Er hat dich nicht vergessen«, sagte er. Es war der Stein aus den Bad Lands, das kleine Nilpferd, das auf dem Rücken der Seekuh sitzt. »Wo hast du diesen Stein her?«, fragte ich völlig verdattert, »die Bad Lands sind 80 Meilen von hier entfernt.« Großvater lächelte nur, sagte: »Ich erzählte dir doch, daß ich ein Steinträumer bin. Frage nicht soviel und freue dich lieber, daß der Stein dir gefolgt ist. Er ist älter und weiser als die gesamte Menschheit. Die Geschichte des Universums ist in ihm gespeichert. Du mußt nur das Nilpferd zum Sprechen bringen, es wird dir jede Frage beantworten. Die Seekuh kennt das Geheimnis des ewigen Lebens. Wenn ich meine Reise ins Land der vielen Zelte antrete, wird dieser

Stein meinen Platz in deinem Herzen einnehmen. Der Stein wird dir Lehrer, Hüter und Führer sein. Es ist ein heiliger Stein, wie ihn nur ganz wenige Menschen auf dieser Welt besitzen.«

Ihr Stein-Verbündeter

Jeder Stein hat seine Magie, seine eigene Kraft. Steine können erzählen, sie können Glück und Gesundheit bringen, aber auch Unheil stiften. Steine opfern sich für den Menschen in der Schwitzhütte, sie sind Botschafter aus einer anderen Welt. Sollte Ihnen auf einer Schamanischen Reise ein besonders auffälliger Stein begegnen, sehen Sie ihn als Freund und Lehrer. Suchen Sie gezielt nach Ihrem persönlichen Stein, er wird Ihnen eines Tages ganz sicher in die Hände fallen. Beim Spaziergang im Wald, in den Bergen, oder am Strand, wo die Steine zu Tausenden liegen. Sie sehen diesen Stein und fühlen sich ihm hingezogen. Heben Sie ihn vorsichtig auf, nehmen Sie ihn in die Hand. Schließen Sie die Augen, tasten Sie den Stein mit Ihren Fingern ab.Vielleicht sehen Sie vor Ihrem geistigen Auge ein Bild oder Farben auftauchen. Fragen Sie den

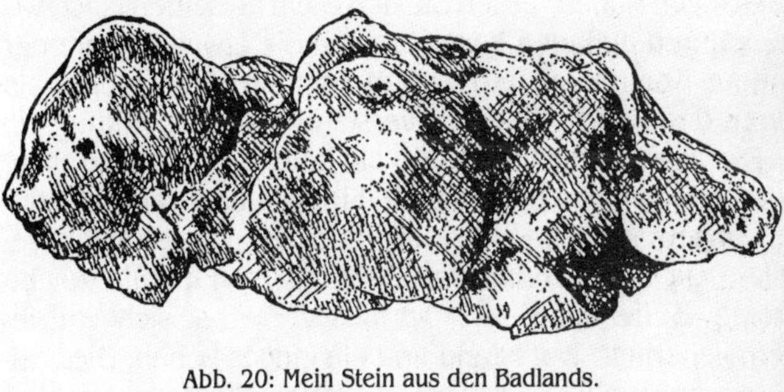

Abb. 20: Mein Stein aus den Badlands.
Rechts ist deutlich das kleine Nilpferd zu erkennen,
das auf dem Rücken einer Seekuh sitzt.

Stein, ob er Ihr Verbündeter ist. Sollten Sie die Energie des Steines wirklich fühlen und spüren, dann hat der Stein Sie gefunden. Bedanken Sie sich bei Mutter Erde und nehmen ihn mit nach Hause.

Es kann natürlich auch passieren, daß nichts dergleichen geschieht. Lassen Sie sich davon aber nicht entmutigen, Sie können den Stein trotzdem mitnehmen. Legen Sie ihn zu Hause auf einen Platz, der mit Ihrer Energie aufgetankt ist. Warten Sie einen Tag und wiederholen Sie dann die Kontaktaufnahme. Sollte der Funken immer noch nicht überspringen, tragen Sie den Stein bitte wieder an seinen Platz zurück. Bedanken Sie sich bei ihm und warten auf Ihren Stein. Er wird kommen, wenn Sie es nur wollen.

Ein Stein-Verbündeter, den die Lakota »sicun wotawe« nennen, tankt Sie in erster Linie mit Lebensenergie auf. Wenn Sie abgeschlafft und müde sind, legen Sie sich ganz entspannt auf den Boden oder auf Ihr Bett. Nehmen Sie den Stein in Ihre linke Hand, schließen Sie die Augen und halten Sie den Stein an Ihren Nabel. Das ist das Zentrum Ihres Energiesystems. Schon nach einer Viertelstunde etwa fühlen Sie sich frischer, negative Gedanken sind wie fortgeblasen. Steine können dabei ihre helle Farbe verlieren. Das liegt daran, daß sie die Energie auf Ihren Körper übertragen haben. Legen Sie den Stein an seinen Platz, wo er sich neu aufladen kann. Zünden Sie etwas Salbei oder andere Kräuter an und ziehen Sie den Stein mehrmals durch den Rauch. Dadurch verstärkt sich die Wirkung.

Die Indianer sahen Steine als heilige Medizin an. Fanden sie einen ausgefallenen Stein, wurde er eingefettet, angemalt, mit Perlen und anderen Verzierungen geschmückt und um den Hals gehängt. Man nannte solche Steine »Büffel-Ruf-Stein«. Der Besitzer erbat sich von ihnen Sicherheit, Wohlstand und ein langes Leben. Die Steine waren auch Kriegsmedizin, halfen Pferde zu stehlen und wurden zum Heilen verwendet.

Die Kraft des Peyote

Obwohl Großvater von Peyote nicht sehr viel hält, möchte ich diese Art der indianischen Heilung näher beschreiben. Schon allein deshalb, weil der Peyote-Weg eine Religion ist, die sich auf den Reservationen immer mehr ausbreitet. Peyote ist ein heiliges Sakrament der Native American Church (Amerikanische Kirche der Ureinwohner). Die Native American Church (NAC) ist die indianische Version des Christentums. Traditionelle Kultur wird hier mit christlicher Heilslehre vermischt. In vielen Reservaten ist heute ein Drittel der Indianer Anhänger der NAC.

Peyote ist ein Kaktus, der am Rio Grande und weiter südlich in Mexico wächst. Mexikanische Indianer haben Peyote gegessen, um in Kontakt mit den Geistern zu treten. Eine Sage erzählt, daß Peyote von einer alten Frau und ihrer Enkelin gefunden wurde. Die beiden hatten sich beim Sammeln von Beeren und Nüssen verirrt. Plötzlich hörten sie eine Stimme. »Ihr beiden, kommt zu mir.« Die alte Frau und das Kind folgten der Stimme und kamen zu einer grünen Pflanze mit einem Stern darauf. Die Stimme sagte: »Eßt mich.« Die Frau und das Kind aßen von der Frucht. Da schärfte sich ihr Verstand und sie fanden wieder nach Hause. Sie brachten das Wissen um die Heilkraft des Peyote ihrem Stamm mit, und so breitete sich die Peyote-Religion über den ganzen Kontinent aus.

Yellow Horse, ein Apache, der in Oklahoma lebt, ist ein Peyote-Medizinmann und Heiler. Er wird auch Straßenmann genannt. Er erklärte mir Peyote so: »Peyote hat die Kraft Gottes. Gott hat uns Indianern dieses heilige Sakrament auf die Erde geschickt, um uns seine Liebe zu zeigen. Peyote ist ein göttliches Heilmittel, das wir auf verschiedene Art und Weise nutzen können. Peyote gibt den Menschen, die es einnehmen, Kraft. Es macht den Körper gesund, und es aktiviert deine Spiritualität. Mit Peyote findest du den Weg zu Gott.« Die Indianer wenden Peyote als Hausmittel an, wie wir Europäer Hustensaft und Aspirin. Wer erkältet ist, brüht sich einen heißen Peyote-Tee auf und legt sich ins Bett. Bei schweren Erkrankungen wird Peyote in einer Heilzeremonie eingenommen. »Das Ritual dauert eine ganze Nacht«, erzählt Yellow Horse. »Die Zeremonie ist in vier Abschnitte eingeteilt. Von Sonnenuntergang bis Mitternacht, von Mitternacht bis drei Uhr früh, von drei Uhr bis zur Morgendämmerung und von der Morgendämmrung bis zum Morgen. Wir beten, singen, trinken heiliges Wasser und essen Peyote. Dazu schlägt ein Mann die Trommel.« Neben dem Straßenmann gibt es noch einen Feuermeister und einen Räuchermeister. Jeder hat während der Zeremonie seine bestimmte Aufgabe und seine vorgeschriebenen Lieder zu singen. Yellow Horse: »Für eine Heilzeremonie verwende ich die getrocknete Spitze des Peyote (button). Man kann auch die frische Pflanze essen, aber die ist für viele Menschen nicht bekömmlich. Sie schmeckt eher bitter. Je nach Schwere der Krankheit ißt der Patient bis zu 20 Peyote-buttons.« Viele Patienten, die Peyote einnehmen, müssen sich anschließend übergeben. Yellow Horse erklärt das so: »Die meisten Krankheiten sind fremde Wesen, die aus dem Körper müssen. Peyote schwemmt sie einfach raus. Nach der Zeremonie nimmt der Kranke weiter Peyote, um dem Körper wieder Kraft zu geben.«

Für die Mitglieder der Native American Church ist Peyote nicht nur ein Heilmitel, sondern auch ein spiritueller Lehrer. »Wir essen Peyote, um geheimes Wissen zu erlangen«, erklärt Yellow Horse. »Peyote zeigt uns den spirituellen Weg zu Gott. Wir sehen die Dinge des Lebens anders als die weißen Christen. Peyote macht uns sensibel für Gottes Güte und Weisheit. Wir lernen durch Peyote seine grenzenlose Liebe kennen. Er schickt uns Visionen und reinigt uns von bösen Mächten. Nehmen an einem Ritual

Männer von verschiedenen Stämmen teil, so können wir die Sprachen aller verstehen, das alles macht Peyote.« Die Mitglieder der Native American Church nennen Peyote auch: »Großer Vater Peyote«.

Für Großvater ist Peyote nichts anderes als eine Droge. »Peyote ist was für alte Männer«, sagt er. »Sie haben nicht die Kraft, auf den Hügel zu gehen und vier Tage um eine Vision zu bitten. Sie nehmen Peyote, da geht es schneller. Aber es ist keine höhere Macht, die diese Vision schickt, es ist der bittere Saft des Peyote, der die Sinne verwirrt. Ich kenne viele Indianer, die zuviel Peyote genommen haben und jetzt völlig verwirrt sind.«

Die Kraft der Sonne

Großvater geht, wenn immer die Möglichkeit besteht, morgens die Sonne begrüßen. Das hat er schon als kleiner Junge getan. »Die Sonne steuert meine innere Uhr. Ich brauche kein neumodisches Ding am Handgelenk, um früh morgens wach zu werden. Bruder Sonne sagt mir, wann es Zeit ist aufzustehen.«

Die Sonne ist unser natürlichster Energiespender. Sie beeinflußt unseren Körper und unseren Geist, ohne die Kraft der Sonne würden wir verwelken wie die Blätter im Herbstwind. Die Lakota haben den Lebensbrunnen Sonne schon vor Tausenden von Jahren für sich entdeckt. »Unser Gebet an die Sonne stellt die Balance zwischen Körper und Seele her«, sagt Großvater. »Unser Gebet an die Sonne enden wir mit den Worten: Laß uns einen fröhlichen Tag haben. Die Sonne macht uns fröhlich. Sie stärkt unser Herz und vertreibt dunkle Gedanken, die oft wie Gewitterwoken über unserer Seele hängen.«

Die Sonnenstrahlen reinigen unseren Körper und unseren Geist wie eine Dusche. Wer die Sonne begrüßt, wird außen und innen gebadet. Die Energie der Sonne durchströmt unseren Körper. Die Kraft der Sonne spült Krankheiten und schädliche Keime einfach raus. »Die Sonne ist eine unerschöpfliche Apotheke, deren Dienste wir unentgeldlich in Anspruch nehmen können«, sagt Großvater. Die Sonne reinigt nicht nur unseren Körper und macht uns fröhlich, die Sonne sorgt auch für einen gesunden, erholsamen Schlaf, sie steuert unseren Schlafrhythmus. Wer sein Leben in düsteren Büroräumen verbringt, leidet meist unter Schlafstörungen. Natürlich hat nicht jeder von uns die Zeit und die Muße, am frühen Morgen die Sonne zu begrüßen. »Das muß auch nicht sein«, sagt Großvater, »aber einmal am Tag sollte man kurz innehalten und der Sonne seinen Dank aussprechen, vielleicht mit einem kleinen Gebet.« Das könnte in etwa so lauten:

»Liebe Sonne,
danke, daß du uns auch heute
mit deinem Licht und deiner
Wärme zu einem schönen
Tag verholfen hast.
Reinige meinen Körper
und meine Seele. Laß dein
gleißendes Licht in meinem
Körper erstrahlen, vertreibe
mit deiner Kraft und Energie meine schlechte
Laune und meine trüben Gedanken.
Spüle Krankheiten und Keime
aus meinem Körper, halte meine Seele
in Balance. Ich danke dir auch, daß
durch deine Wärme und dein Licht
die Blumen blühen und die Bäume in
saftigem Grün stehen.
Laß uns einen fröhlichen Tag haben.
Mitakuye Oyasin.«

»Ihr Weißen müßt endlich lernen, die Dinge richtig zu gebrauchen«, sagt Großvater. »Bei der Sonne ist es so wie mit dem Tabak. Wer diese heilige Pflanze zur Sucht mißbraucht, wird unweigerlich krank. Wer zu lange und zu intensiv in der Sonne liegt, bekommt Hautkrebs. Ihr müßt lernen, die Heiligen Dinge für euch nutzbar zu machen.«

Die Kraft der Dunkelheit

Ein wicasa wakan sieht mit geschlossenen Augen mehr, als viele von uns mit geöffneten Augen. »Die Dunkelheit«, sagt Großvater, »ist ein Teil unseres Lebens. Im Bauch unserer Mutter lebten wir in vollkommener Dunkelheit. Da waren unsere Sinne noch geschärft. Wir fühlten das Licht und die Liebe unserer Mutter. Uns überkam ein wohliges Gefühl, wenn wir ihre Stimme hörten. Die Schwingung und die Energie dieser Stimme war uns vertraut, wir fühlten uns von ihr beschützt. Trotz der monatelangen Dunkelheit. Aber kaum erblickt der Mensch das Licht der Welt, wird die Dunkelheit zum Feind. Wir fürchten uns plötzlich davor. Dabei soll die Nacht unsere Sinne schärfen. Viele Tiere jagen nur nachts, sie haben auch keine Angst vor den Mächten der Dunkelheit. Der Mensch hat es verlernt, die Kräfte der Nacht für sich zu nutzen.«

Nachts ist unser Geist sensibler, wir sind empfänglicher für übernatürliche Wahrnehmungen. Die Spirits kommen gerne in der Dunkelheit. Das ist bei der yuwipi-Zeremonie so, in der Schwitzhütte und auch bei der Visionssuche. Großvater sagt: »Ihr habt deshalb Angst, weil ihr die Ruhe nicht mehr ertragen könnt. Die Nacht ist rein und klar, sie ist viel unschuldiger als der Tag. Ihr könnt mit dieser Unschuld nicht mehr umgehen. Deshalb die Angst, wenn die Nacht hereinbricht und die Spirits versuchen, mit euch in Kontakt zu treten.«

Wir sollten wieder lernen, diese Ängste zu vertreiben, um Platz zu schaffen für neue Wege der Wahrnehmung. Es gibt dafür mehrere Möglichkeiten. Versuchen Sie, Ihre Wohnung mit geschlossenen Augen zu entdecken. Setzen Sie sich auf einen Stuhl in der Küche. Schließen Sie die Augen und warten, was passiert. Achten Sie auf jedes Geräusch und auch jeden Gedanken, der Ihnen durch den Kopf schießt. Schon nach ein paar Minuten werden Sie vermutlich Ihre Augen wieder öffnen wollen, kämpfen Sie dagegen an. Halten Sie sie weiter geschlossen, mindestens eine halbe Stunde. Mit der Zeit kann die Dunkelheit Ihr Vertrauter werden.

Diese Übung ist ausbaufähig. Nehmen Sie eine Decke und breiten Sie diese in Ihrem Wohnzimmer aus. Am besten nach dem Mittagessen, wenn Sie leicht gesättigt sind. Setzen Sie sich auf die Decke und schließen die Augen – oder noch besser, binden Sie sich ein schwarzes Tuch davor. Stellen Sie aber vorher das Telefon ab und die Türklingel. Ziel dieser Übung ist es, eine x-beliebig lange Zeit auf der Decke zu verbringen – in völliger Dunkelheit. Drei bis vier Stunden sollten es schon sein. Wer Spaß daran findet, kann diese Reise auf ein ganzes Wochenende ausdehnen. Dann sollte allerdings ein Partner über Sie wachen und Ihnen die Mahlzeiten servieren. Wichtig ist, daß der Partner nicht mit Ihnen in Kommunikation tritt. Konzentrieren Sie sich auf die Dinge, die in Ihrem Körper und in Ihrer Seele ablaufen.

Sich bewußt der Dunkelheit aussetzen kann ein spannendes Abenteuer sein. Auf alle Fälle macht es Sie sensibler für die alltäglichen Dinge, die Sie mit offenen Augen kaum oder gar nicht mehr wahrnehmen. Großvater sagt: »Die Dunkelheit lehrt uns das Licht zu schätzen.«

Kola letsche le tscho-o
Kola letsche le tscho-o
Kola-letsche le tscho-o

A-e tschanuke
Taku jatschenke ha-e jetsche tukte
Ha-eo

Ho tschoka wa eno jascheke
Wakan tanka tsche ki ajo
A-e tschanuke
Taku jatschenke ha-e jetsche tukte
Ha-eo

Kola letsche le scho-o
Kola letsche le scho-o
Kola letsche le scho-o
A-e tschanuke
Taku jatschenke ha-e jetsche tukte
Ha-eo

Ho tschoka wa eno takeke
Mej exuja hopa rio he
A-etscha noke
Ne tunkashilaja waningla uktelo

Mein Freund, mache es immer so,
und alle Dinge, um die du bittest,
werden dir gegeben werden.
Mein Freund, mache es immer so.

Wenn du zur Mitte der Erde kommst,
bete zum Geist des Großvaters,
und wenn du es so machst,
werden dir alle Dinge gegeben werden,
um die du bittest.

Mein Freund, mache es immer so,
und alle Dinge, um die du bittest,
werden dir gegeben werden.

Wenn du dich in der Mitte der Erde setzen wirst,
denke an mich, deinen Großvater,
und biete die heilige Pfeife dar,
in die vier Himmelsrichtungen,
deinem Großvater und deiner Mutter der Erde.
Nur so werden dir alle Dinge gegeben werden,
um die du bittest.

Wenn du es so machst mein Freund,
wird dein Großvater, der Große Geist,
dich auserwählen.

Auf Wiedersehen Großvater

Langsam ging der Tag zur Neige. Die glutrote Sonne schickte ihre letzten warmen Strahlen über die Prärie, tauchte Gräser und Sträucher in ein feuerrotes Licht. Das kleine Holzhäuschen von Großvater lag bereits im Schatten. Ich packte meine Reisetasche. Es war an der Zeit, auf Wiedersehen zu sagen. Am nächten Tag sollte mein Flugzeug von Rapid City aus in Richtung Europa starten. Großvater hatte ich seit Stunden nicht mehr gesehen, er war mit seinem rostroten Pick-up weggefahren.

Ich ging in die Küche, setzte Kaffee auf und deckte den Tisch. In einem kleinen Supermarkt hatte ich Brot, Käse und frisches Gemüse eingekauft. Ich wollte Großvater damit eine Freude bereiten. Als alles fertig war, setzte ich mich auf die morschen Holzbohlen der Terrasse und wartete. Es war schon dunkel, als Großvaters Wagen um die Ecke bog. Ich erkannte ihn sofort an dem linken Scheinwerfer, dessen Lichtkegel steil in den Himmel ragte. Großvater parkte den Pick-up direkt vor dem Haus. Ich sprang auf, eilte zu dem Auto und half Großvater beim Aussteigen. Auch wenn er ein Heiliger Mann ist, seine Knochen sind schon alt und steif. Großvater holte zwei braune Papiertüten vom Beifahrersitz, ging damit ins Haus. »Laß uns essen«, sagte er und setzte sich wie selbstverständlich an den gedeckten Tisch. Wir sprachen ein Tischgebet. Er auf Lakota, ich auf Deutsch.

»Erde, die uns dies gebracht,
Sonne, die es reif gemacht,

liebe Sonne, liebe Erde,
euer nie vergessen werde.
Mitakuye Oyasin.«

Nach dem Essen opferten wir beide ein Stück Brot und etwas Gemüse den Geistern, dann machten wir es uns auf der Terrasse bequem. »Wann startet morgen dein Flugzeug?« fragte Großvater. »Um 8.30 Uhr.« Der alte Indianer nickte nur. »Laß uns noch eine Pfeife rauchen.« Er ging ins Haus, kam mit einer der beiden Papiertüten wieder zurück. Er stellte sie auf den Boden, griff hinein und holte ein unscheinbares Stoffbündel heraus. Das wickelte er auf – und zum Vorschein kam eine wunderschöne Pfeife. Sie war der seinen sehr ähnlich. Der Holzstiel, mit blauen Perlen und Pferdehaaren verziert, dazwischen waren Lederbänder eingeflochten, in denen kleine, braune Federn steckten. Der rote Pfeifenkopf stellte eine Adlerklaue dar. Vorsichtig legte Großvater die Pfeife neben sich. Dann nahm er einen kleinen Lederbeutel aus der Tüte. Er war mit kinnickinnick gefüllt, dem Heiligen Tabak. Großvater stopfte die Pfeife, hielt den Stiel anschließend gegen den Himmel, dann gegen die Erde. »Zünde du die Pfeife an«, sagte er zu mir, »sie gehört schließlich dir.« Ich schaute den alten Heiligen Mann mit großen Augen an. »Wie meinst du das, sie gehört mir?« »Ich kann dich doch nicht ohne Pfeife nach Europa fliegen lassen. Rauche sie, wenn du mit den Spirits und Tunkashila in Kontakt treten willst, sie warten ganz sicher darauf.«

Am nächsten Morgen, als ich mich von Großvater verabschieden wollte, war er bereits aus dem Haus. Lebewohl sagen, das ist nicht seine Sache. »Ich nehme nur Abschied von Menschen, die über die Milchstraße ins Land unserer Ahnen gehen«, sagt Großvater, »aber nicht von Freunden, die noch viele Sommer vor sich haben.«

Ich schrieb auf einen großen Zettel: »Auf Wiedersehen Großvater«, und fuhr los.

Anhang

Die Pine-Ridge-Reservation

Die Oglala-Lakota damals und heute

Sioux (ssu) ist der Name, durch den die Lakota bekannt und berühmt wurden. Das Wort Sioux ist die französische Interpretation des Ojibwa-Wortes »Nadowesiw«, was soviel wie »kleine Nattern« bedeutet. Lakota heißt übersetzt »Verbündete«, »Freunde«. Die Gruppe der Lakota (Westliche Sioux, auch Teton genannt) unterteilen sich in sieben Familien (bands): Oglala, Sicangu, Minneconjou, Oohenupa, Hunkpapa, Sihasapa und Itazipacola.

Die Pine-Ridge-Reservation (PRS) wird von den Oglala-Lakota bewohnt. Sie ist mit 5000 Quadratmeilen die zweitgrößte Indianer-Reservation in Amerika. Sie liegt im Westen des US-Bundesstaates Süd Dakota. Weitere Lakota-Reservationen sind: Rosebud, Standing Rock, Crow Creek, Lower Brule und Cheyenne River. In Pine Ridge leben rund 16 000 Oglala, über 1000 Nicht-Indiander und 1500 Mitglieder anderer Indianer-Stämme. Weitere 6000 Oglala leben verstreut in ganz Amerika.

Die Oglala sehen Pine Ridge als eine souveräne Nation an, abgekoppelt von den Vereinigten Staaten. Aus diesem Grund kommt es immer wieder zu Unstimmigkeiten in der Rechtssprechung zwischen der Stammesregierung und den Bundesgerichten.

Um 1834 erstreckte sich die Heimat der Oglala und anderer Lakota-Stämme über das heutige Nord und Süd Dakota, westlich bis zu den Bighorn Bergen und südlich bis zum Platte River. Die Lakota waren die gefürchtesten Krieger in der Prärie. Sie vertrieben die Shoshonen, Crow, Arapahoe, Arikara, Cheyenne und die Pawnees aus deren Jagdgründen. Anfang des 19.Jahrhunderts bauten die Weißen ihre ersten Handelsposten entlang des Missouri. Die Lakota begrüßten diese Posten, sie tauschten fleißig mit den weißen Händlern ihre Waren. Es waren hauptsächlich französische Pelzhändler, die mit den Lakota Geschäfte machten. Viele dieser Trapper heirateten indianische Frauen, das Blut mischte sich. Der berühmte Oglala Häuptling Red Cloud hatte etwa 100 Mischblut-Verwandte, und der berühmte Kriegshäuptling Crazy Horse heiratete ein »Mischblut«. Auch die meisten Oglala-Stammespräsidenten im 20. Jahrhundert waren »Mischblut«.

Um 1840 wurde das berühmte Fort Laramie Dreh- und Angelpunkt der Handesaktivitäten.1868 wurde der zweite Laramie-Vertrag zwischen der amerikanischen Regierung und den Oglala unterzeichnet. Die US-Regierung erkannte die westliche Hälfte von Süd Dakota und ein Großteil von Wyoming als Sioux Reservation an – eingeschlossen die heiligen Schwarzen Berge (Black Hills). Als dort Gold gefunden wurde, gab es für die Weißen kein Halten mehr. Die Oglala wurden von Goldsuchern und Siedlern überrannt. Die Schlacht am Little Big Horn am 25. Juni 1876 war ein letztes Aufbäumen der Lakota. 1877 wurden ihnen die Black Hills weggenommen, ein Jahr später errichtete die US-Regierung die Pine-Ridge-Reservation an ihrem heutigen Ort. Das gesamte andere Oglala-Terretorium wurde zur Besiedelung freigegeben.

Der Geistertanz

Noch einmal keimte Hoffnung auf, als 1886 der Paiute-Indianer Wovoka die Vision vom Geistertanz hatte. Er träumte, daß die Indianer den Geistertanz abhalten sollten, um Gott zu ermutigen, die Amerikaner fortzujagen, die indianischen Toten auferstehen zu lassen und den Büffel zurückzubringen.

Micinksi nape mayuza po
Micinksi nape mayuza po
Inicagin kte
Inicagin kte
Ate heye lo
Ate heye lo
Cannunpa wan cicicaupi
Ca yanipi kte lo
Ate heye lo
Ate heye lo

Mein Sohn, nimm meine Hände
Mein Sohn, nimm meine Hände
Du sollst wachsen
Du sollst wachsen
Dies sagt der Vater
Dies sagt der Vater
Eine Pfeife bringe ich euch
Daher werdet ihr leben
Dies sagt der Vater
Dies sagt der Vater
Geistertanzlied, Pine Ridge

Der Oglala-Führer Short Bull besuchte Wovoka und kam mit den notwendigen Zeremonien zur Reservation zurück. Die Lakota zogen sich sogenannte Geistertanz-Hemden über. Sie waren aus blauem Leder, verziert mit weißen Punkten und Vögeln. Die Geistertanz-Hemden sollte die Indianer unverwundbar machen. Bei den Siedlern und Soldaten rief die Geistertanz-Bewegung Panik hervor. Der

Geistertanz wurde verboten. Am 29. Dezember 1890 erreichte die Hysterie der Weißen mit dem Massaker am Fluß Wounded Knee ihren traurigen Höhepunkt. Das 7. Kavallerieregiment erschoß nahe des Ortes Porcupine Häuptling Big Foot und über 200 seiner Minneconjou-Lakota. Davon waren zwei Drittel Frauen, Kinder und alte Menschen. Damit fanden die Indianerkriege in Amerika ein unrühmliches Ende.

Heute gehört die Pine-Ridge-Reservation zu den ärmsten Gegenden Amerikas. Das jährliche Durchschnitts-Einkommen der Oglala liegt bei rund 3000 Dollar. Die größen Probleme auf der Reservation sind Arbeitslosigkeit, Alkoholismus, einseitige Ernährung und eine katastrophale Krankenversorgung. Die durchschnittliche Lebenserwartung beträgt knapp 50 Jahre. Die Tuberkulose-Todesrate liegt fünfmal höher als im US-Durchschnitt. Knapp 50 Prozent der Teenager und Erwachsenen sind dem Alkohol zumindest zeitweise verfallen. 1990 wurde die NBC-Fernseh-Gesellschaft für ihre TV-Serie »Die Tragödie von Pine Ridge« mit einem Emmy ausgezeichnet. Die Dokumentation zeigte ein düsteres und sehr negatives Portrait des Reservationslebens. Großvater sagt dazu: »Die Weißen wollen einfach nicht sehen, daß sich schon vieles zum Besseren gewandelt hat. Tunkashila wacht über uns. Immer mehr junge Menschen nehmen an den heiligen Zeremonien teil, die Abstinenz und Reinheit erfordern. Drogen und Alkohol haben beim Sonnentanz keinen Platz.«

Zwei spirituelle Gesellschaften gewinnen auf Pine Ridge immer mehr an Einfluß: Die »Grey Eagle Society« (die Stammes Älteren) und die »White Buffalo Calf Woman Society«. Diese spirituellen Strömungen nehmen auch Einfluß auf die Schulen in der Reservation. Ihr Motto: »Today our Children, tomorrow our Leaders«. Obwohl die heiligen Zeremonien immer mehr Zulauf haben, sind die christlichen Kirchen auf Pine Ridge groß vertreten. Die meisten Oglala haben keine Schwierigkeiten, Mitglieder zweier Religionen zu sein. Ein Freund von mir predigt in der Kirche die Worte von Jesus Christus, gleichzeitig ist er aktiver Sonnentänzer und reinigt seinen Körper in der Schwitzhütte. Auf Pine Rige gibt es Katholiken, Baptisten, Mormonen, Zeugen Jehovahs und viele andere Glaubensgruppen.

Reservation und Touristen

Besucher sind auf Pine Ridge herzlich willkommen. Wer seinen Urlaub hier verbringen will, muß allerdings auf einige Annehmlichkeiten verzichten. So finden Sie auf der Reservation kein Hotel mit Swimmingpool. In den größeren Städten wie Pine Ridge, Kyle oder Martin gibt es einfache Motels. Aber die Schönheit der Landschaft entschädigt für vieles. Eines sollten Sie sich jedoch immer vor Augen halten: Pine Ridge ist ein Ort, an dem Menschen leben. Die Lakota sind keine Touristen-Attraktion. Wenn Sie die Leute fotografieren wollen, fragen Sie erst höflich um Erlaubnis. Das gilt speziell bei den vielen Pow Wows, die im Juli und August auf Pine Ridge abgehalten werden. Die Tänzer tragen wunderschöne Kostüme, die mit Adlerfedern und bunten Perlen verziert sind.

Sie können auch jederzeit die Schulen und die Stammes-Regierungs-Büros besuchen. Äußerst interessant ist ein Besuch bei KILI-Radio in Porcupine. Das ist die Oglala-Radiostation. Der Sender ist bis Rapid City zu hören. Die Radio-Macher haben es sich zur Aufgabe gemacht, ihre Landsleute moralisch zu unterstützen. Viele spirituelle Führer, Ärzte und Rechtsanwälte halten bei KILI-Radio ihre Sprechstunden ab. Die Radiostation wurde im Laufe der Jahre zum Anwalt des kleinen Mannes.

Die Oglala sind Fremden gegenüber eher wortkarg, sie sprechen nicht automatisch mit Touristen. Das hat nichts mit Arroganz zu tun, sondern ist tief in ihrer Kultur verankert. Aber die Lakota haben ein Gespür dafür, wer es ehrlich mit ihnen meint. Dann können sie sich auch öffnen; und das kann der Beginn einer wunderbaren Freundschaft sein ... [5])

Wichtige Adressen der Oglala Lakota

Oglala Sioux Tribal Office
Pine Ridge
South Dakota 57770
USA
(605) 867-5821

Oglala Sioux Legal Department
P.O. Box 862
Pine Ridge
South Dakota 57770
USA
(605) 867-5167

Oglala Lakota College
P.O. Box 490
Kyle
South Dakota 57752
USA
(605) 455-2321

Little Wound School
Kyle
South Dakota 57752
USA
(605) 455-2461

KILI-Radio
Lakota Communications
P.O. Box 150
Porcupine
South Dakota 57772
USA
(605) 867-5002[6])

Bau einer Schwitzhütte

Wer eine Schwitzhütte selber bauen will, sollte eines bedenken: Mit diesen Dingen treibt man keine Späße. Verrichten Sie die Arbeit mit dem nötigen Respekt, nehmen Sie auf keinen Fall Geld von anderen Teilnehmern. Spirituelle Rituale sind immer gratis. Es kann gefährlich werden, wenn man mit den Kräften der Höheren Wesen nicht umgehen kann. Errichten Sie die Hütte an einem ruhigen Ort. Wichtig ist, daß Sie eine größere Feuerstelle anlegen dürfen. Die Hütte sollte rund 5 Meter von der Feuerstelle entfernt sein. Nach alter Lakota-Tradition ist die Tür immer nach Westen hin ausgerichtet. Ich habe in Süd-Dakota allerdings auch schon Hütten gesehen, deren Türen nach Osten, Süden oder Norden zeigten. Großvater sieht das gar nicht gerne. »So werden unsere heiligen Rituale verwässert und eines Tages macht jeder damit, was er will. Tunkashila wird das nicht dulden.«

Der Rahmen

Eine durchschnittliche Schwitzhütte hat Platz für acht bis zwölf Personen. In große Lakota-Schwitzhütten passen sogar 20 Leute und mehr. Der Rahmen besteht aus 16 Ästen (sie stehen für das gesamte Universum). Für eine kleinere Hütte genügen 12 Äste (sie versinnbildlichen die zwölf indianischen Monde der Monate).

Zeichnen Sie erst einen Kreis mit 35 Zentimeter Durchmesser auf die Erde, das wird die Steingrube, die später ausgehoben wird. Setzen Sie sich mit den Beinen über Kreuz vor den Kreis. Der Abstand zwischen dem Kreis und den Knien sollte etwa einen Meter betragen. Befestigen Sie eine Schnur an einem Stock, stecken Sie diesen in das Zentrum des Kreises. Die Schnur spannen Sie bis hinter ihren Rücken und einige Zentimeter weiter und zeichnen mit Hilfe der Schnur einen größeren Kreis auf die Erde – für den äußeren Rahmen der Schwitzhütte. Der Durchmesser für eine mittlere Schwitzhütte beträgt rund 2,30 Meter. Schneiden Sie zwölf oder 16 Äste einer Weide mit einem Durchmesser von einem bis zwei Zentimeter ab. Bevor Sie ans Werk gehen, sollten Sie den Baum um Erlaubnis bitten und ihm mitteilen, wofür Sie seine Äste brauchen. Kappen Sie dann die Zweige und Blätter, spitzen die Enden der Stangen an. Dickere Äste sollte man vorbiegen, am besten zwischen zwei starken Baumstämmen. Legen Sie die zugespitzten Enden in regelmäßigen Abständen an den äußeren Kreis der Schwitzhütte. Vergessen Sie dabei nicht, eine Öffnug für die Tür frei zu lassen. Bohren Sie die Löcher für die Stangen vor. Die Weiden sollten tief genug in der Erde stecken. Sie müssen halten, wenn man sie biegt. Die höchste Biegung sollte rund 1,20 Meter betragen. Bauen Sie die Schwitzhütte nicht zu hoch, sonst verliert sie zuviel Hitze. Binden Sie die einzelnen Weiden mit einer Schnur oder mit Rindenstreifen zusammen, verwenden Sie bitte keine Nägel. Um die Konstruktion zu verstärken, können Sie auch die Querzweige der Äste horizontal zu den aufrechten Ästen binden. Ist der Dom fertig, heben Sie das Loch in der Mitte der Hütte für die Steine aus. Es sollte rund 50 Zentimeter tief sein. Mit der gewonnenen Erde bauen sie rechts vor der Tür einen kleinen Hügel, den Altar. Sie können dort während der Zeremonie ihren Schmuck ablegen, um ihn mit Energie aufladen zu lassen.

Das Abdecken der Schwitzhütte

Die Lakota deckten ihre Schwitzhütten früher mit Bisonfellen ab. Heute verwenden sie dazu Decken und Planen. Einige Hütten sind erst mit Teerpappe bedeckt. Das hat den Vorteil, daß die Teerpappe immer drauf bleibt und das Innere der Hütte vor Regen geschützt ist. Damit auch vom Boden her kein Licht in das Innere der Schwitzhütte dringen kann, beschweren sie die Deckenränder mit Steinen. Die Hütte nach jeder Zeremonie wieder abdecken.

So baue ich meinen Schild

Für den Rahmen eignen sich am besten die Äste einer Trauerweide, sie lassen sich am besten biegen. Aber bitte: gehen Sie nicht einfach her und brechen jeder Trauerweide die Äste ab. Suchen Sie sich mit Bedacht einen Ast aus, bitten Sie den Baum zuvor um Erlaubnis, sägen Sie dann den Ast schnell durch. Biegen Sie den Ast um einen runden Gegenstand und binden die beiden Enden mit einem nassen Lederriemen zusammen. Wenn der Rahmen trocken ist, spannen Sie das Leder darüber, schlagen es hinten um und nähen es zusammen. Man kann verschiedene Arten von Leder verwenden. Die Oberfläche sollte nur stark genug sein, um daran mehrere Gegenstände zu befestigen. Jetzt nehmen Sie mehrere Lederriemen, drehen diese zu einem Zopf und nähen den als späteren Handgriff hinten fest. An den fertigen Schild können Sie alles aufmalen oder anhängen, was für Sie von Bedeutung ist. Das kann ein Foto Ihres Kindes sein, Zähne, Federn, Perlen, Klauen, Wimpel oder Ketten. Aber lassen Sie sich Zeit damit. Warten Sie den richtigen Zeitpunkt ab, Ihren Schild zu bemalen oder zu dekorieren. Der Schild ist ein Spiegelbild ihrer spirituellen Erfahrung und Kraft. So, wie Sie spirituell wachsen, nehmen auch die Symbole auf dem Schild zu. Wenn später ein Schild nicht mehr ausreicht, bauen Sie sich einen zweiten. Schön ist es auch, einen noch nicht bemalten Schild zu verschenken.

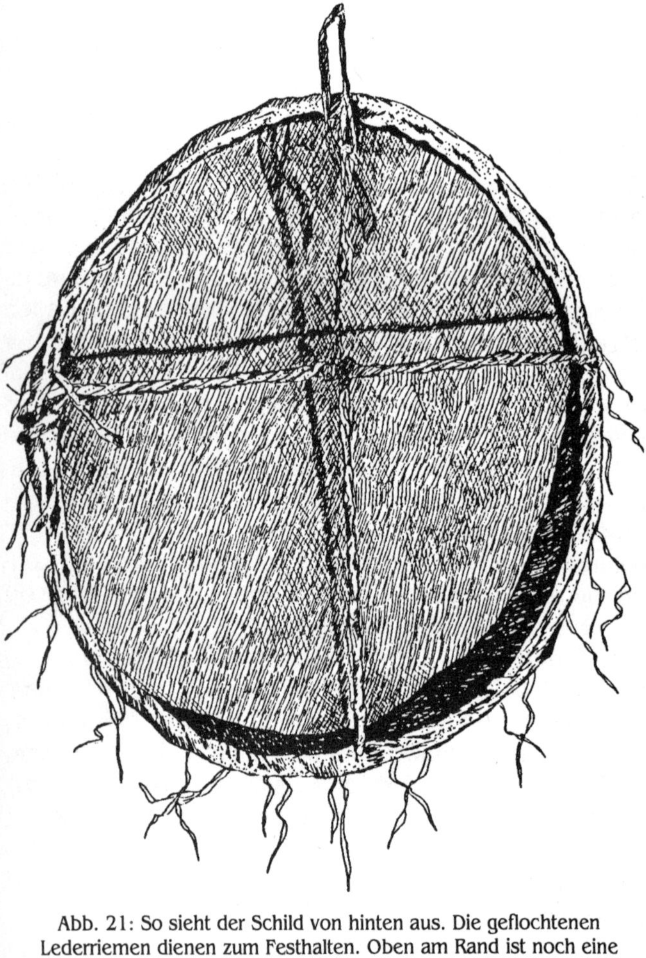

Abb. 21: So sieht der Schild von hinten aus. Die geflochtenen Lederriemen dienen zum Festhalten. Oben am Rand ist noch eine Schlaufe, um den Schild aufzuhängen.

Lakota – Deutsch

Für alle, die ein wenig Lakota lernen wollen. Der Oglala-Lehrer und Sprachforscher J. Dearly hat diese kleine Liste zusammengstellt. Es sind einfache und simple Wörter, die zum großen Teil auch bei Zeremonien vorkommen oder mit der spirituellen Welt der Lakota zu tun haben. Die jeweiligen Lakota-Wörter werden so ausgesprochen, wie sie geschrieben sind. Bei Ausnahmen steht die Lautschrift in Klammern.

Ate	Vater
Awanyanka	Beschützer
Can	Trommel
Cangleska	Kreis
Cangleska wakan	Der heilige Kreis
Cansasa (chan sha sha)	Tabak aus Rinde der roten Weide
Cante (chanh teh)	Das Herz
Canwi yuza	Kleiner spitzer Stock, eine Art Gabel
Canwi yuza waopo	Kleiner spitzer Holzpflock zum Piersen der Sonnentänzer
Chanupa	Pfeife
Chanupa lutah	Rote Pfeife
Chanupa wakan	Heilige Pfeife
Hanblecheya (hanblechia)	Um eine Vision flehen

Hanblecheyapi	Die Visionssuche
Hau	Hallo
Hehaka	Hirsch
Hehaka Sapa	Schwarzer Hirsch
Hetch etu	So ist es
Hetch etu aloh	es ist sehr gut so
Heyoka	Der heilige Clown
Hinhan	Eule
Hinhan ska	Schneeule
Hiya	Nein
Hocoka	Heiliger Platz eines Tipi-Camps
Hoksi (hokschi)	Kind
Hoksi cala	Baby
Hoksi chan kiya	Wurzel, Samen
Hoksila (hokschila)	Knaben
Hunka	Vorfahr, Ahne
Hunkpapa	Eine der sieben Lakota-Familien
Hununpa	Zweibeinige
Hutopah	Vierbeinige
Icaga	Wachsen
Ihanblpi	Sie träumen von ...
Iktomi (iktumi)	Die trickreiche Spinne
Ina	Mutter
Ina Maka	Mutter Erde
Inipi	Schwitzhütten-Zeremonie
Inyan	Fels, Stein
Inyansa	Roter Stein
Ista (ischta)	Auge
Itancan	Häuptling
Itokaga	Süden
Itokaga ouye	Die Kraft des Südens

Kinnickinnick	Tabak
Koda	Freund (Dakota Dialekt)
Kola	Freund (Lakota Dialekt)
Kunshi, unci	Großmutter
Lakol wicohan	Der indianische Weg
Leksi	Onkel
Lelah wah ste wakan	Spiritualität
Lelah wakan	Sehr kraftvolle Dinge, sehr heilig
Lutah	Rot, Farbe des Ostens
Maka	Erde
Makpiyah Ate	Vater Himmel
Mato	Bär
Mato ska	Polarbär
Mini	Wasser
Minne ahtah	Kräftiger Regenguß, Überschwemmung
Minne mitak oyasins	Wasser für alle meine Verwandten
Mitakuye Oyasin	Alle meine Verwandten
Paha Sapa	Black Hills (Schwarze Berge)
Peju ota	Salbei
Pejuta	Medizin
Pejuta Wichasha	Heiler (Kräuter)
Pilamaya	Ich danke dir
Pilamaya aloh	Ich danke dir ganz herzlich
Ptecincala Ska Wakan Winan	Weiße-Büffelkalb-Frau
Sapa	Schwarz
Sha	Rot (Lutha heißt auch rot)
Skakopeh Ouye	Die sechs Kräfte des Universums

Shuunka Takan	Pferd (sehr großer Hund)
Shuunka wakan	Pferd (heiliger Hund)
Sica (schicha)	Schlecht, nicht sehr gut
Sicun wotawe	Persönlicher Stein, Stein-Verbündeter
Ska	weiß
Tashuunka wakan	Wolf
Tatanka	Büffel
Tate	Wind
Tiyospaye	Die Familienbande
Tokata	Zukunft
Tokata wicocage	Zukünftige Generation
Tunkashila	Großvater
Unci	Großmutter
Waga chun	Baumwollholz
Wakan	Heilig
Wakan Tanka	Großes Geheimnis, Schöpfer
Wakangli	Blitz
Wakanyeja Makah	Kinder der Erde
Wakinyan	Donnervogel, Blitz und Donner
Wakinyan Cetan	Donnerhabicht
Wakinyan hotonpi	Donner
Wamakaskan oyate	Tiere
Wanagi	Seele, Geist, Energie
Wana olowanpi	Wollen wir jetzt singen
Wanblee (wanbli)	Adler
Washichu	Weißer Mann
Waste (waschtay)	Gut
Waziya	Norden
Waziya ahtah	Heftiger Sturm, starker Nordwind

Waziya ouye	Kraft des Nordens
Wicasa (wichasha) wakan	Heiliger Mann
Wichoni mini	Leben spendender Regen
Wigmunke oyate	Regenbogenleute
Winjan Wakan	Heilige Frau
Winkte	Transvestiten (gelten als heilige Menschen)
Wiwanyag Wachipi	Sonnentanz-Zeremonie
Wiyo	Sonne
Wiyoheyapa	Osten
Wiyoheyapa ouye	Kraft des Ostens
Wiyo ichoni	Wo die Sonne am höchsten steht
Wiyopeyata	Westen
Wiyopeyata ouye	Kraft des Westens
Wotai	Persönlicher Stein, den ich ständig bei mir trage
Wowas ake Iyuha	Alle Kräfte des Universums
Yupayo	Mach es zu, schließ die Tür
Yuwipi	Geisterruf-Zeremonie
Zintkala ouyate	Die geflügelten Menschen
Zi Zi (Zhee Zhee)	Gelb[7)]

Quellennachweis

[1]) Recheis, Käthe und Bydlinski, Georg: *Weißt du, daß die Bäume reden.* Wien, 1984.

[2]) Meadows, Kenneth: *Das Netz der Kraft.* München, 1993.

[3]) Mails, Thomas E.: *Geheime Indianische Pfade.* München, 1991.

[4]) Stammel, Heinz J.: *Die Apotheke Manitus.* Reinbek, 1986.

[5]) Gagnon, Gregory und White Ryes, Karen: *Pine Ridge Reservation.* Badlands, 1992.

[6]) Schwarzbauer, Peter: *Der Lakota-Report.* Wyk auf Föhr, 1986.

[7]) Gaa Mc, Ed Eagle Man: *Mother Earth Spirituality.* San Francisco, 1990.

Literaturhinweise

Akwesasne: *Wo das Rebhuhn balzt; indianischee Texte aus dem Widerstand von Wounded Knee 1973 bis Genf 1977.* Trikont 1982

Amiotte, Arthur: *The Lakota Sun Dance. Historical and Contemporary Perspectives.* De Mallie/Parks, Sioux Indian Religion, University of Oklahoma Press, 1987

Arden, Harvey und Wall, Steve: *Hüter der Erde – Begegnungen mit Indianern Nodamerikas.* München, 1992

Biegert, Claus: *Indianerschulen – als Indianer überleben – von Indianern lernen.* Hamburg, 1979

Biegert, Claus: *Seit 200 Jahren ohne Verfassung, Indianer im Widerstand.* Hamburg, 1981

Crow Dog, Mary und Erdos, Richard: *Lakota Woman. Die Geschichte einer Sioux Frau.* Leipzig, 1992

Curtis, Natalie: *The Indians Book; Authentic Native American Legends, Lore & Musik.* New York, 1987

Hassrick, Royal B.: *Das Buch der Sioux.* Köln, 1982

Lame Deer, Archie Fire und Erdos, Richard: *Medizinmann der Sioux.* München, 1995

Lame Deer, John Fire und Erdos, Richard: *Tahca Ushte, Medizinmann der Sioux.* Frankfurt/Main, 1981.

Lame Deer: *Seeker of Visions.* New York, 1972

Lomosits, Helga und Harbaugh, Paul: *Lakol Wokoksuye – Zur Geschichte der Plains von Little Bighorn bis Wounded Knee.* Wien,1990

Mails, Thomas: *The Mystic Warriors of the Plains.* New York, 1972

MallieDe, Raymond J. und Parks, Douglas R.: *Sioux Indian Religion.* University of Oklahoma Press, 1987
Opler, Morris Edward: *Myths and Tales of the Jicarilla Apache Indians.* University of Nebraska Press, 1994
Recheis, Käthe und Bydlinski, Georg: *Freundschaft der Erde – Der indianische Weg.* Wien, 1987
Recheis, Käthe und Bydlinski, Georg: *Auch das Gras hat ein Lied – Indianertexte der Gegenwart.* Wien, 1988
Recheis, Käthe: *Die Kinder der Prärie.* Wien, 1991.
Ross, Allen C.: *Wakan Tanka. Im Herzen sind wir alle gleich.* Fulda, 1992
Schwarzer Hirsch und Brown, John Epes: *Die heilige Pfeife. Das indianische Weisheitsbuch der sieben Riten.* Göttingen, Lamuv, 1982
Schwarzer Hirsch und Neihard, John G. : *Ich rufe mein Volk.* Göttingen, 1979
Silko, Leslie Marmon und andere indianische Autoren: *Hüter der Weisheit – Bilder und Berichte von Indianern heute.* München, 1993
Uccusic, Paul: *Der Schamane in uns.* Genf, 1991.

Kontaktadressen

Schwitzhütten-Zeremonien, Visionssuchen nach Lakota-Tradition, Anmeldungen zu Seminaren mit Archie Fire Lame Deer:

Joachim Irmer
Waldstraße 10
21259 Otter.
Telefon: (0 41 82) 29 24 91

Schamanische Reisen, schamanische Heilmethoden, Schamanismus und Naturgeister, Tod und Sterben in schamanischer Sicht.

Foundation for Shamanic Studies Österreich
Paul Uccusic
Neuwaldeggerstraße 38/4/6
A-1170 Wien
Telefon: (00 43 - 1) 480 17 53

Band 70101

Penny McLean

Das unsichtbare Dritte

Jeder Mensch erzeugt durch sein Verhalten ein spezielles Energiefeld, das sich auf ihn selbst und auf seine Umgebung positiv und negativ auswirkt. Wenn aus Individualfeldern Mischfelder entstehen, tritt jenes »unsichtbare Dritte« auf den Plan, das zu Chaos, aber auch zu Erfüllung und Glück führen kann.
Penny McLean lehrt, wie man – vor allem in der Partnerschaft –das »unsichtbare Dritte« erfährt, es positiv einsetzt und somit der Manipulation von innen und außen entgeht. Mit dieser Erkenntnis läßt sich auch mit dem »ältesten Problem der Welt«, der Liebe, besser umgehen, so daß man von nun an die damit verbundenen Ängste und Komplikationen vergessen kann. Es eröffnen sich neue Möglichkeiten der Begegnung, des Verstehens und des Vertrauens.

BASTEI LÜBBE